Il Libro dei Gemelli

Tutto quello che c'è da sapere su questo segno zodiacale.

Astrologi di rubino

Chi è Gemelli?

Data: dal 21 maggio al 21 giugno

Giorno: mercoledì

Colore: Blu

Elemento: Aria

Compatibilità: Bilancia, Ariete e Acquario

Simbolo:

Modalità: Modificabile

Polarità: Maschio

Pianeta dominante: Mercurio

Casa: 3

Metallo: Mercurio

Quarzo: cristallo, berillo e topazio.

Costellazione: Gemelli

Cosa significa Gemelli?

La parola Gemelli deriva dal latino gemĭni e significa "fratelli gemelli". In latino, Gemelli significa letteralmente "i gemelli" (Castore e Polluce). I Gemelli simboleggiano la dualità e l'antagonismo del corpo e dell'anima. Rappresenta anche l'idea che la vita abbia la sua origine nell'unione di due opposti.

Mitologia

C'è un mito legato ai Gemelli che narra che due fratelli Castore e Polluce, figli di Zeus, vissero uniti da un'immensa amicizia. Castore era mortale e Polluce immortale. Allegri, determinati e fisicamente vitali, i due fratelli si distinguevano equamente sul campo di battaglia.

L'amore portò alla morte di Castore, che rapì una delle figlie di Leu cippo, di cui era innamorato. Molestato e ucciso dal fidanzato della giovane, è morto nella rissa.

Polluce, scoraggiato dalla morte del fratello, pregò Zeus di ridargli la vita. Zeus non esaudì completamente la sua richiesta, ma unì i due fratelli nella costellazione dei Gemelli in modo che entrambi potessero vivere insieme per l'eternità.

Mercurio, il pianeta dominante dei Gemelli

Mercurio, il messaggero degli dèi, è il pianeta che governa i Gemelli e la Vergine. È il pianeta di

comunicazione. Il compito di Mercurio è quello di smontare le cose e ricostruirle. È un pianeta privo di emozioni e indiscreto.

Mercurio non solo governa la comunicazione, ma rappresenta l'organizzazione e le tattiche. Le idee e le informazioni sensoriali devono essere coordinate e organizzate. Mercurio analizza, classifica, raggruppa e dà un senso a queste idee.

Pietre o Quarzo per Gemelli

La perla è la pietra dei Gemelli. Questa pietra simboleggia la modestia e l'amicizia. La perla è legata alle relazioni, ha proprietà curative ed è efficace per i problemi legati al cuore e allo stomaco.

Un'altra pietra dei Gemelli è l'Occhio di Tigre. Indossando questa pietra, le persone di questo segno si sentiranno più stabili mentalmente e aumenteranno le loro possibilità di attirare la fortuna.

Il calcedonio è un'altra pietra legata a questo segno. Questa pietra ti aiuterà a strutturare meglio le tue idee e a comunicare in modo efficace.

L'acquamarina può anche aiutare le persone di questo segno a comunicare meglio ed esprimere i propri sentimenti in modo più chiaro ed efficace. Questo può essere utile sia nelle relazioni personali che in quelle professionali.

Caratteristiche fisiche dei Gemelli

I Gemelli sono solitamente snelli, molto flessibili e agili. Il suo viso è molto espressivo, soprattutto i suoi occhi.

Le sue mani sono espressive, veloci e vivaci, e i suoi occhi brillano sempre di intelligenza e curiosità.

Il viso dei Gemelli ha un equilibrio simmetrico. I loro lineamenti risplendono sempre di una radiosa e gioiosa curiosità per le loro aure innocenti. Le sue labbra sono carnose e i suoi capelli ondulati.

Possono anche avere una mascella sottile e un naso sporgente.

Il corpo dei Gemelli

Il sistema nervoso, il sistema respiratorio, le braccia e le spalle sono i punti più sensibili o vulnerabili dei Gemelli. Questi organi sono importanti perché l'aria entra attraverso di essi ed espelliamo l'anidride carbonica, che è essenziale per il funzionamento del corpo. Ecco perché qualsiasi complicazione, nei polmoni o nei bronchi, può significare seri problemi per un Gemelli.

I Gemelli dovrebbero essere molto attenti alle malattie di queste parti del corpo. Una misura molto importante è quella di non fumare.

L'irrequietezza dei Gemelli li fa sentire vivi, ma il problema è che essere in un costante stato di nervosismo non è salutare e può portare ad ansia, insonnia e depressione.

Donna Gemelli Fisicamente

Le donne Gemelli di solito godono di ottima salute, ma a volte si stancano perché il loro cervello lavora sempre fino allo sfinimento.

Le donne Gemelli sono bellissime. Sono magri, con un bel viso. I loro capelli sono solitamente lisci e lunghi. Sono versatili, hanno uno stile di abbigliamento unico, passando dal formale al casual con facilità.

Possiedono una caratteristica fisica unica che è la loro dimensione. Di solito sono più piccoli della maggior parte delle donne e sono magri.

L'uomo Gemelli fisicamente

Gli uomini Gemelli sono famosi per avere personalità divise, questa dualità si riflette nel loro processo decisionale. A volte sono socievoli e altre volte si concentrano intensamente sul loro partner. Amano gli armadi eleganti. Una delle caratteristiche che caratterizzano un uomo Gemelli è la sua capacità di comunicare. I Gemelli sono molto socievoli e abili con le parole, il che li rende molto attraenti.

Tratti fisici dei Gemelli

Testa Gemelli

La testa dei Gemelli si distingue per avere una fronte alta e ampia. Il mento sarà di solito ben proporzionato, mentre la mascella è spesso appuntita.

Capelli Gemelli

I capelli dei Gemelli di solito hanno una corporatura sottile e possono essere castano chiaro o scuro. Tuttavia, spesso hanno la tendenza a essere grigi in tenera età. Nel caso degli uomini, sono anche inclini all'alopecia.

Gli occhi dei Gemelli

Hanno occhi marroni, azzurri, verdi o grigi, che si muovono continuamente avanti e indietro. Il suo sguardo è accattivante. I Gemelli non lasciano mai gli occhi sullo stesso oggetto per più di cinque secondi. La velocità con cui muovono gli occhi è il modo più semplice per riconoscerli.

Il naso dei Gemelli

Il naso dei Gemelli è in genere diverso. Probabilmente hanno un naso ben formato, che sia lungo e diagonale, o piccolo e arrotondato in punta. Di solito, il naso è appuntito.

Le labbra dei Gemelli

Le labbra dei Gemelli sono generiche ed equilibrate. Non sono molto eccellenti, o molto piccoli. Tuttavia, il labbro superiore può essere dritto e dall'aspetto più sottile.

Il volto dei Gemelli

Il viso può avere una rientranza nel mento o nel naso. Molti hanno lineamenti fini e lisci. Tendono ad avere la carnagione pallida, anche se di solito si abbronzano facilmente.

Zone sensibili dei Gemelli

I Gemelli sono molto curiosi e amano provare cose nuove con il loro partner; quindi, è importante mantenerli interessati prima che si annoino.

La seduzione è fondamentale per questo segno zodiacale, quindi se il tuo partner è un Gemelli, pratica tutte le carezze che precedono l'atto sessuale, poiché a volte questo è più rilevante.

Accarezza soprattutto il petto, il busto e le braccia, sempre seguite dalle parole, poiché i Gemelli sono un segno che valorizza la comunicazione.

Personalità dei Gemelli

I Gemelli possiedono il dono del vomito, hanno molta energia mentale, hanno una grande consapevolezza di tutto ciò che li circonda. Ecco perché sono così bravi comunicatori, qualcosa da cui possono ottenere molto se imparano ad applicarlo, sia nella loro vita quotidiana che per progetti generali.

Gemelli nelle relazioni. Generale

Gemelli nelle relazioni

I Gemelli sono avventurosi, curiosi e amano la novità e l'eccitazione nelle loro relazioni. Sono allegri, amichevoli e socievoli e amano mantenere il romanticismo e la scintilla nella loro vita amorosa.

Quando un Gemelli si innamora, esprime i suoi sentimenti e vuole parlare di quanto gli piaccia il suo partner. Potresti anche voler presentare il tuo partner a tutti i tuoi amici e potrebbero voler essere visti insieme in pubblico.

I Gemelli sono affettuosi ma si annoiano facilmente e possono perdere rapidamente interesse per la relazione. Essendo un segno d'aria, ha bisogno di attenzione da parte del partner e ama i dettagli costanti.

I Gemelli sono famosi per avere il dono del bavaglio con cui possono convincere chiunque. Questo attributo non servirà loro solo per persuadere e manipolare, ma è la loro forza e li aiuta nelle loro relazioni personali.

I Gemelli sono curiosi ed emotivi e sono costantemente desiderosi di saperne di più sul loro partner.

I Gemelli come genitori

Gemini Dad porta un senso di divertimento e umorismo a casa tua. Amano sfidare mentalmente la loro famiglia, quindi spesso li si può trovare con i loro figli che giocano.

La conversazione e il dibattito sono una parte importante della tua vita familiare. Ama leggere ai suoi figli, portarli al cinema o guardare insieme i programmi televisivi per parlarne in seguito. Apprezzano una mente acuta e crescono i loro figli per essere intraprendenti, curiosi e testardi.

I tuoi bambini adoreranno la loro mente divertente e in movimento. I loro gusti cambiano frequentemente ed è probabile che lo trovino eccitante.

Assicurati di dare loro coerenza. Affinché i bambini si sentano come loro, hanno bisogno di parti della giornata su cui poter contare, come le cene in famiglia e le routine della buonanotte.

Gemelli come figli

È il bambino più interessante dello Zodiaco. Nel momento in cui comincia a parlare, ha già accumulato una serie infinita di impressioni, e di parole, e lo dimostra immediatamente. Parla a sé stesso e agli altri, e la parola è la sua amica inseparabile, che preferisce alla compagnia di altri bambini della sua età.

I suoi giochi sono quasi sempre solitari, difficilmente si accontenta di una risposta e vuole sempre indagare fino a quando non ha più dubbi. Poi abbandona questo per un altro che lo interessa di più. Se il gioco non ha aspetti interessanti, non si ostina e passa immediatamente a qualcos'altro.

Hanno un'incredibile capacità di percepire le energie ed è molto importante per il loro sviluppo che l'ambiente in cui vivono sia sereno, perché tendono a somatizzare le tensioni esterne. È un bambino precoce, che dovresti guidare con molta cautela e senza dargli ordini che non capisce.

Ha un'intelligenza brillante e non sopporta la monotonia. È molto importante indirizzare i tuoi interessi verso argomenti che ti permettano di sviluppare la tua creatività.

L'ordine dovrebbe essere inculcato con esempi specifici.

I bambini Gemelli sono molto sensibili e le storie inquietanti possono catturare la loro immaginazione e farli andare nel panico per il buio e gli incubi. Il bambino Gemelli ha bisogno di mostrare il lato felice delle storie dei bambini.

Amore e intimità nella vita dei Gemelli

L'uomo Gemelli

Gli uomini Gemelli sono i più complessi dello zodiaco, ma sono anche quelli che hanno più spazio nelle loro ambizioni.

Il segno dei Gemelli sa che una vita non è sufficiente per realizzare tutto ciò che si sogna, ed è per questo che decidono di essere molteplici, diversi, vogliono esaurire tutte le esperienze che la vita mette alla loro portata, bere tutto il succo della vita, ed è per questo che osano essere più di una persona allo stesso tempo.

Non è facile andare d'accordo con un Gemelli, poiché sono persone con personalità divise. Sanno vivere contemporaneamente il maschile e il femminile, il carnale e lo spirituale, l'eterno e il contiguo.

Decidono per il meglio di queste due voci che tutti sentiamo quando prendiamo una decisione. A volte sono machiavellici, creano un proprio codice morale e non è sempre facile capire l'essenza delle loro decisioni.

Non agisce con il cuore, ma per convenienza.

Non è facile amare un uomo Gemelli, non sono persone che si donano facilmente. Devi fare uno sforzo ed essere paziente. I Gemelli sono spettatori della vita, osservano piuttosto che lasciarsi trasportare dalle passioni.

Quando decidono di avere una famiglia, i Gemelli si dimostrano genitori amorevoli e sinceri. Non hanno voglia di infedeltà o di altre avventure una volta che si sono sistemati.

Sono straordinariamente laboriosi, laboriosi e determinati, e le loro capacità analitiche impediscono loro di fare un passo falso.

I Gemelli odiano la solitudine.

La Donna Gemelli

Per amare una donna Gemelli bisogna avere pazienza, perché con lei siamo di fronte a uno dei segni più misteriosi. Questa donna ha un'anima intensa e una personalità piena di complicazioni.

Non è facile raggiungere il proprio cuore, né rimanerci dentro. È più facile perdersi lungo la strada. Incontrare un Gemelli è un vero e proprio evento.

Le donne Gemelli sono complicate. Hanno diverse personalità al loro interno, quindi vivono diverse esperienze in un'unica vita.

Questo appetito per le esperienze rende le donne Gemelli persone inaffidabili. La cosa migliore da fare è riempire la loro vita di sorprese e sfide per non cadere in una routine o scapperanno senza dire addio, perché per loro la stagnazione è peggio che morire.

Sono laboriosi e creativi, non dovrebbero essere messi a svolgere attività di routine, perché perdendo interesse perdono la loro capacità produttiva.

I Gemelli non sempre danno la priorità alla formazione di una famiglia o al matrimonio, poiché sono donne indipendenti, che non hanno paura di essere madri single o di mantenersi. Non hanno paura della solitudine.

Per un Gemelli, una relazione è completa solo se il partner è intenso e audace come loro. La dolcezza e le promesse non mantenute non valgono la pena.

Scenari sessuali per i Gemelli

I Gemelli amano il sesso, per lui è un'altra forma di comunicazione. I Gemelli hanno un forte appetito sessuale e per attivarlo bastano alcuni sottili commenti.

Quando si tratta di chiacchiere sporche, i Gemelli hanno scritto un dizionario; quindi, puoi attivarli spiegando testualmente cosa ti piace fare a letto. In questo modo sentirà e analizzerà allo stesso tempo, una combinazione che per lui è orgasmica.

I gemelli hanno gusti sessuali sfuggenti. Per loro, il sesso è un'esperienza in cui corpo e mente si uniscono senza soluzione di continuità. A loro piace brillare a letto e non fanno sempre la cosa di routine.

I Gemelli amano la varietà e il divertimento a letto. È abbastanza stimolante e si lasciano trasportare dai piaceri del corpo, amano i baci appassionati.

Ai Gemelli piace sentire frasi commoventi mentre sono ai loro appuntamenti intimi. La tua fantasia sessuale implica l'ascolto di conversazioni eccitanti al momento dell'amore, alcune troppo audaci che non diresti al di fuori di quei momenti appassionati.

Il modo in cui i Gemelli fanno l'amore è vario, energico e creativo. Sono curiosi di tutti i tipi di espressione sessuale, di solito sono disposti a fare qualsiasi cosa e provano sempre qualcosa di nuovo.

Per i Gemelli, il sesso comprende gli aspetti fisici, emotivi e sensuali; quindi, svolge un ruolo importante all'interno delle loro relazioni.

Gemelli con Ariete nel sesso

Questa coppia energica li rende buoni amici e amanti. Entrambi apprezzano l'umorismo dell'altro e condividono la preferenza per una vita sociale attiva. Ci saranno guai in camera da letto, perché entrambi sarete eccitati dal sesso. Una combo così calda che si esauriscono sessualmente a vicenda.

I Gemelli amano parlare, mentre l'Ariete ama l'azione, ma la combinazione di questi tratti fa sì che l'atto sessuale si fonda con la mente. Questa è un'area in cui l'Ariete si sente a suo agio con qualcuno che comanda.

Una delle cose che piacciono di più ai Gemelli Ariete è la loro natura loquace. Questo è un incontro divertente e casuale, con entrambi i segni desiderosi di superarsi a vicenda in passione. Qui, la scintilla è mantenuta viva dall'immaginazione dei Gemelli e dalla capacità dell'Ariete di mantenere viva l'azione. Entrambi desiderano nuove esperienze, quindi saranno entusiasti.

Gemelli con Toro nel sesso

Lenti e costanti, frivoli e frenetici, questi sono buoni compagni di letto.

I Gemelli sono molto curiosi del Toro e il Toro suscita sentimenti profondi e complicati nei Gemelli. Il Toro ha le sue insicurezze e vede i Gemelli come qualcuno che è molto a suo agio con il cambiamento e la comunicazione. I Gemelli bramano sempre stimoli intellettuali.

Un modo per arrivare al cuore del Toro è attraverso lo stomaco, ma il cuore dei Gemelli si raggiunge attraverso il cervello. Entrambi i segni lasciano andare le loro insicurezze e si legano nonostante le loro paure. Entrambi amano la ricerca del piacere e si divertono a fare cose che richiedono complicità intellettuale ed emotiva.

Gemelli con gemelli nel sesso

Hanno molto in comune, a parte l'amore per la comunicazione, sono entrambi alla ricerca della stessa cosa. Il sesso tra due Gemelli è un vortice di passione e connessione.

Questa coppia non si annoierà e non ci sarà spazio per la monotonia poiché a loro piace provare cose nuove. Entrambi sono molto innovativi e genereranno nuove idee nella relazione che ti aiuteranno positivamente.

Qualcosa che può ferirti è che a entrambi piace flirtare e questo può mettere a repentaglio la relazione. Anche se non sono molto gelosi, sono possessivi e se vedono qualche dettaglio che non gli piace, possono arrabbiarsi.

I Gemelli amano comunicare, possono passare ore a parlare e raccontare cose al partner. Tuttavia, devono imparare a parlare di argomenti tabù, imparare ad ascoltare il loro partner e fare uno sforzo per farlo sentire al sicuro.

Gemelli con cancro nel sesso

Il Cancro è molto appiccicoso ed è tutta una questione di impegno. I Gemelli si basano sull'espansione degli orizzonti.

Questa relazione può funzionare perché entrambi i segni hanno bisogno del loro spazio e della loro indipendenza, ed entrambi bramano la varietà. Condividono un senso dell'umorismo, che sicuramente aiuta a costruire la loro relazione.

I Gemelli e il Cancro sono creature senzienti. Il Cancro esprime i sentimenti in modo ovvio ed emotivo. A letto, i curiosi Gemelli e l'affettuoso Cancro si eccitano esplorando i loro desideri nascosti.

Gemelli con Leone nel sesso

Il sesso sarà brillante poiché entrambi vi divertirete a portare l'altro a nuove vette di soddisfazione sessuale.

Il Leone pensa che i Gemelli siano una delle persone più straordinarie che abbia mai incontrato, e il Leone, in effetti, ha bisogno di un partner che possa essere all'altezza dei suoi standard. I Gemelli trovano in Leone qualcuno con cui possono davvero connettersi intellettualmente, che è proprio quello che stanno cercando. I Gemelli entusiasmano particolarmente il Leone quando mostra quanto logicamente e ragionevolmente possa affrontare una situazione.

La stanza sarà piena di entusiasmo, ci saranno lunghe notti, entrambi svegli, parlando e condividendo i loro cuori e le loro menti.

Gemelli con Vergine nel sesso

Saranno alleati incredibili, entrambi sono governati dal pianeta Mercurio, il che significa che potranno esplorare le loro curiosità. I Gemelli sono una persona che la Vergine ammira, qualcuno che li ispira creativamente, e i Gemelli permettono alla Vergine di esplorare il loro lato inventivo.

La sua energia a letto è una miscela dell'approccio lussurioso e con i piedi per terra della Vergine per realizzare l'amore e la passione elettrica dei Gemelli. Questa è un'avventura molto calda e una situazione di amicizia con benefici può funzionare fintanto che mantengono un dialogo aperto sui loro sentimenti e confini.

I Gemelli hanno bisogno di un partner di mentalità aperta e dallo spirito libero; quindi, la Vergine deve stare attenta a non giudicare troppo spesso.

Gemelli con Bilancia nel sesso

Entrambi sono segnali aerei e questo è un'ottima combinazione a letto. L'approccio della Bilancia al fare l'amore è il complemento perfetto dei Gemelli per i discorsi lussuriosi.

I Gemelli trovano ispirazione creativa attraverso la Bilancia, ma la Bilancia è profondamente entusiasta della mente dei Gemelli e ama ascoltare le loro storie. La Bilancia accende definitivamente i Gemelli.

I Gemelli, che sono così visivi, adoreranno la presenza sexy della Bilancia in camera da letto.

Gemelli con Scorpione in sesso

Le loro menti non saranno le uniche cose che esploderanno in questa connessione amorosa esplosiva. La prospettiva calda dello Scorpione si adatta bene all'atteggiamento dei Gemelli secondo cui tutto è permesso.

Uno scenario di amicizia con benefici o un'avventura di una notte sarà intenso, ma hanno modi diversi di restituire; quindi, devono essere pazienti l'uno con l'altro mentre capiscono il modo migliore per comunicare tra loro. A letto, l'energia sarà spettacolare e passionale.

Gemelli con Sagittario nel sesso

Entrambi i segni amano parlare, ma quando vanno a letto l'attività orale finisce.

Sono curiosi e intelligenti e amano connettersi con passione. La loro energia sessuale è eccitante ed elettrica. Se decidi di mantenere la tua relazione come una relazione, è probabile che ti connetti frequentemente nel corso degli anni, ma se vuoi impegnarti, sarai in grado, anche a distanza, di mantenere la relazione.

Gemelli con Capricorno nel sesso

Il sesso è un gioco per i Gemelli, mentre per il Capricorno è tutto lavoro e niente giochi.

In camera da letto, la sensualità con i piedi per terra del Capricorno e la sua vasta collezione di sex toys eccitano i Gemelli curiosi. Se vivete insieme, i Gemelli possono aiutare il Capricorno a continuare a muoversi invece di stare sempre seduti alla scrivania.

Gemelli con Acquario in sesso

Sono entrambi selvaggi a letto. Indipendentemente dall'atto sessuale che i Gemelli progettano, l'Acquario sarà pronto a impegnarsi.

L'Acquario è totalmente ispirato alla creatività dei Gemelli e la loro energia in camera da letto sarà elettrica. La facilità di comunicazione tra loro significa che questi due si divertiranno molto sotto le coperte.

Gemelli con Pesci nel sesso

I loro incontri sessuali saranno favolosi e molto divertenti, i Gemelli sono attratti dall'immaginazione e dalle capacità sessuali dei Pesci. Nel frattempo, l'approccio logico dei Gemelli è molto attraente per i Pesci.

I due sono versatili in camera da letto. L'energia romantica dei Pesci mescolata alla curiosità dei Gemelli rende molto divertente tra le lenzuola. Anche se si tratta solo di un'avventura, questi due segni impareranno molto l'uno dall'altro.

Gemelli e Vocazione

I Gemelli possiedono un'eccellente agilità mentale ed è molto curioso. È un segno che sa sfruttare le opportunità per aumentare le proprie conoscenze.

Le tue capacità comunicative e la padronanza di vari argomenti sono sincronizzate per permetterti di relazionarti facilmente tra di te nelle aree che frequenti.

La monotonia non si addice a questo segno. Hanno bisogno di stimoli intellettuali e di ampliare costantemente le loro conoscenze in varie aree di interesse. La natura impaziente dei Gemelli richiede un cambiamento costante. Altrimenti, il tuo spirito è scoraggiato e distrutto.

Le migliori professioni

I Gemelli sono persone poliedriche. È il segno più affabile, simpatico e comunicativo dello zodiaco. Sono più adatti per le gare che hanno interazione con il pubblico e offrono varietà. Sono molto versatili, motivo per cui sono inclini a cambiare spesso professione. Giornalismo, media generalisti, artisti musicali o teatrali, pubbliche relazioni, scrittori e vendite.

Combinazioni di numeri fortunati

3 - 4 - 8 - 15 - 35

3 - 24 - 26 - 29 - 31

3 - 8 - 13 - 21 - 33

2 - 6 - 8 - 12 - 17

8 - 18 - 22 - 24 - 31

1 - 12 - 14 - 26 - 27

11 - 17 - 26 - 29 - 3

1 - 2 - 5 - 10 - 31

1 - 6 - 10 - 14 - 21

10 - 19 - 21 - 23 - 32

5 - 6 - 8 - 28 - 33

18 - 20 - 22 - 27 - 32

10 - 13 - 19 - 30 - 35

9 - 13 - 20 - 27 - 28

4 - 14 - 23 - 35 - 36

8 - 12 - 30 - 32 - 33

18 - 21 - 31 - 32 - 36

10 - 15 - 18 - 21 - 23

2 - 15 - 16 - 19 - 26

Colori fortunati

Blu. Uno dei colori più cool è il blu. È legato all'onestà, alla correttezza e all'intelligenza. Il blu attiva i tuoi poteri curativi, aumenta la vitalità e ha un effetto calmante quando sei nervoso.

È benefico per la circolazione sanguigna, attiva l'intuizione e l'espressione artistica.

Il blu è associato all'elemento dell'acqua e le persone con un forte blu nella loro aura sono equilibrate. È il colore più freddo dello spettro, che simboleggia la fede, la verità, la tranquillità, il paradiso e l'intelligenza. Il blu è correlato alla coscienza. I faraoni egiziani indossavano il blu per proteggersi dal male.

Questo bellissimo colore ci aiuta ad essere umili e ci fa avanzare verso la maturità spirituale, evolvendoci in uno stato di coscienza superiore. L'azzurro rappresenta lo sviluppo spirituale e la pace.

Il blu-verde, una sfumatura di blu, rappresenta la volontà ed è passivo, autonomo, possessivo e immutabile. I suoi aspetti affettivi sono la persistenza, l'autoaffermazione e l'autostima.

Il blu scuro è rappresentativo delle esperienze, della profondità, della conoscenza e del potere.

Il blu turchese proietta una forza rinfrescante, fresca e fantasiosa. È un simbolo di giovinezza. Ha un effetto sedativo. La pietra utilizzata per rappresentare questo colore è l'acquamarina.

Con questa tonalità puoi ridurre lo stress e l'affaticamento se la usi nella decorazione della tua casa, in quanto fornisce chiarezza agli spazi.

Giorni fortunati

Mercoledì e venerdì

Ore fortunate

Tutte le ore del pianeta Mercurio, Venere e Sole.

Lune fortunate

Le Lune nei segni dei Gemelli, Sagittario e Bilancia nella fase del Primo Trimestre.

Segni con cui non dovresti fare trading

Toro, Capricorno e Vergine. I Gemelli trovano molto difficile relazionarsi con l'elemento Terra. I Gemelli amano la libertà e i segni di terra amano la stabilità.

Segni da associare

L'Ariete e la Bilancia, se i Gemelli si associano a loro, sarebbero una scelta eccellente in quanto insieme possono intraprendere grandi affari.

Decifrare il segno dei Gemelli

I Gemelli possiedono una grande adattabilità e versatilità, sono intellettuali, eloquenti, affettuosi e intelligenti. Hanno molta energia e vitalità, amano parlare, leggere e fare più cose contemporaneamente.

Questo è un segno a cui piace l'insolito e il nuovo, più varietà c'è nella tua vita, meglio è. Il suo carattere è duplice e complesso, a volte contraddittorio. Da un lato è versatile, ma dall'altro può essere disonesto.

I Gemelli sono il segno dei gemelli e, come tali, il loro carattere e il loro modo di essere sono duplici.

Rappresentano la contraddizione e cambiano facilmente opinione o umore. I Gemelli sono molto attivi e hanno bisogno di essere sempre impegnati, amano il multitasking e provare nuove sfide.

Hanno la felicità, l'immaginazione, la creatività e l'irrequietezza dei bambini. Alcuni iniziano nuove attività e sfide con entusiasmo, ma spesso non hanno la perseveranza per portarle a termine.

Dal loro punto di vista, la vita è un gioco e sono alla ricerca di divertimento e nuove esperienze. I Gemelli sono il segno più infantile dello zodiaco.

Il loro buon umore e le loro capacità comunicative scompaiono di fronte a un problema, poiché tendono a scoraggiarsi nelle circostanze peggiori e lasciano che gli altri cerchino soluzioni.

I Gemelli sono molto intelligenti, chiedono tutto. Questo li rende maestri del dibattito. È uno dei segni con il QI più alto.

Gemelli - Compatibilità Ariete innamorato

I Gemelli e l'Ariete sono una relazione forte con tutti i tipi di dinamiche, tra cui l'amicizia e il romanticismo.
All'Ariete e ai Gemelli piacciono i loro errori e apprezzano lo slancio l'uno dell'altro. Con le loro battute, le parole in codice e il divertimento, i Gemelli e l'Ariete tirano fuori il meglio l'uno dall'altro. Il pericolo, però, è che né i Gemelli né l'Ariete sono particolarmente bravi a chiamarla notte.

In questa coppia, è importante che uno dei due si assuma la responsabilità. Altrimenti, può essere difficile per questi festaioli coltivare una relazione sana ed emotivamente sana.

Gemelli - Compatibilità Ariete in amicizia

Affinché possano avere un'amicizia duratura, devono fare la loro parte. Fin dall'inizio, ognuno di loro è impressionato dalla personalità dell'altro e si rende anche conto di condividere degli hobby.

I Gemelli tendono ad essere affascinanti con tutti, hanno un tempo molto facile per socializzare e questo è un tratto di cui l'Ariete è appassionato. Una cosa che piace molto al segno d'aria è la sincerità e la lealtà che trasuda Ariete, poiché a volte devono essere dette apertamente.

Questa relazione può rendervi entrambi dipendenti l'uno dall'altro, poiché avete bisogno di consigli e opinioni dai vostri amici, ma continuerete ad agire in modo indipendente.

Compatibilità Gemelli-Ariete sul lavoro

Entrambi hanno molta iniziativa e sanno come prendere il controllo delle cose. Sono grandi lavoratori e mettono tutto il loro impegno per assicurarsi che tutto ciò che fanno funzioni senza intoppi. Hanno una capacità di leadership che li porta al successo totale.

L'Ariete ama guidare, ed è qualcosa che i Gemelli non sopportano perché non gli piace che gli si dica cosa fare. Tuttavia, se fanno la loro parte e si fidano l'uno dell'altro, possono ottenere un grande successo. L'Ariete è più fiducioso in ciò che fa, nonostante la sua impulsività senza pensare ai pro e ai contro, e i Gemelli si affidano alla comunicazione per negoziare e pensano a tutto prima di agire.

.

Gemelli - Compatibilità Toro in amore

Gemelli e Toro non è una relazione confortevole, ma se entrambi vi impegnate, potete ottenere una relazione duratura. Il Toro, con il suo carattere forte, non ha mai paura di porsi dei limiti. I Gemelli hanno un modo completamente diverso di vedere il mondo; quindi, non capiscono l'impaziente richiesta di sicurezza del Toro. Tuttavia, se riescono a negoziare tra permanenza e transitorietà, possono istruirsi a vicenda lezioni inestimabili. Se Toro e Gemelli sono disposti ad apportare cambiamenti sostanziali per compensare le reciproche esigenze, questa relazione ha il potenziale per essere sia stimolante che divertente.

Gemelli - Compatibilità Toro in amicizia

Condividono un'amicizia delicata, dove imparano sempre l'uno dall'altro. Il Toro è un segno molto concentrato e i Gemelli sono abbastanza intelligenti, liberi e non sentono attaccamenti. Toro e Gemelli possono completarsi a vicenda e contribuire con conoscenze in lunghe conversazioni. Il Toro può fungere da ancora per i Gemelli, il che può essere imprevedibile. Il Toro è attratto dalla rapidità, dall'arguzia e dall'intelligenza dei Gemelli. I

Gemelli ammirano la determinazione del Toro e il modo in cui sono guidati dai loro sensi e dalle loro emozioni.

Gemelli - Compatibilità Toro al lavoro

C'è un'eccellente compatibilità sul lavoro. I Toro perseverano nei loro obiettivi. Non si arrendono mai e ottengono tutto ciò che si prefiggono. Questo aiuta molto i Gemelli, in quanto saranno in grado di riflettere prima di agire.

I Gemelli saranno quelli che guideranno un progetto che hanno in mano e vedranno che la pazienza del Toro è importante per raggiungere l'obiettivo.

Compatibilità Gemelli - Gemelli innamorati

Due Gemelli, è come una festa in pieno giorno. Si capiscono profondamente e non si stancano mai. Il problema di questa coppia è che potrebbero non avere alcuna prospettiva. Affinché una relazione quadrata in Gemelli abbia successo a lungo termine, ognuno di voi deve assicurarsi di imparare ad ascoltare. Entrambi avrete molte idee innovative, ma a meno che uno di voi non sia disposto a offrire stabilità, rischiate di perdere il controllo e di uccidere la relazione.

Compatibilità Gemelli - Gemelli in amicizia

Quando due Gemelli si incontrano, è sinonimo di avventura, varietà e nuove emozioni. Entrambi amano divertirsi, viaggiare, organizzare uscite, cosa che, una volta insieme, non riescono a smettere di fare.

Inoltre, entrambi offrirete lealtà l'uno all'altro, vedrete che potete essere amici per la vita, che potete fidarvi ciecamente dell'altra persona e che vi aiuterete a vicenda in tutto ciò di cui avete bisogno. Il fatto che siano così simili fa sì che si vedano riflessi in uno specchio e si capiscano perfettamente.

Compatibilità Gemelli - Gemelli al lavoro

È in questo settore che possono sorgere le maggiori differenze. Tuttavia, sono abbastanza compatibili. Quando i Gemelli si riuniscono, vorranno fissare lo stesso obiettivo e combattere con gli stessi strumenti per raggiungere l'obiettivo.

Nel caso in cui uno di voi abbia bisogno di aiuto, l'altro non esiterà a darvi una mano, a sostenervi e incoraggiarvi in tutto ciò che è necessario. Questo è qualcosa che entrambi apprezzano positivamente.

Naturalmente, devono essere vigili con gelosia, e se uno dei due si distingue più dell'altro, può generare invidia e non accetterà l'aiuto o gli ordini dell'altro. Anche così, grazie alla buona comunicazione che hanno, sapranno come comunicare e spiegare come si sentono e risolveranno il problema.

Gemelli - Cancro in amore Compatibilità

Gemelli e Cancro possono costruire una bella relazione se lo desiderano. Il Cancro ha un approccio molto caratteristico alla vita, perché è molto sensibile e intuitivo, e ha bisogno di molto amore e convalida per sentirsi al sicuro.

All'inizio, può sembrare che i Gemelli cerebrali non possano mai offrire questo tipo di configurazione, ma i Gemelli sono flessibili. Se il Cancro sa come comunicare direttamente i propri bisogni, i Gemelli si sforzeranno di soddisfare i propri bisogni. Anche le emozioni profonde e la sensibilità del Cancro sono messe alla prova dal distacco dei Gemelli. Tuttavia, se i Gemelli si tolgono la maschera, questa potrebbe essere una coppia che vale la pena tenere. In definitiva, sebbene questa relazione richieda un po' di impegno e investimento, questi segni possono costruire una connessione compassionevole e divertente.

Gemelli - Compatibilità Cancro nell'amicizia

Anche se al primo appuntamento, l'Ariete e il Cancro non prestano molta attenzione l'uno all'altro e non hanno quel legame, possono diventare amici. Anche se non saranno migliori amici, diventeranno qualcuno che deve sostenersi a vicenda. Hanno bisogno di tempo per conoscersi, per scavare più a fondo l'uno nell'altro e per vedere dove si inseriscono.

Sono entrambi molto sinceri e leali, il che li unirà e saranno in grado di forgiare un'amicizia per tutta la vita. Dovranno stare attenti a come vengono dette le cose, e il Cancro è molto sensibile e può ferirti in più di un'occasione.

Gemelli - Compatibilità Cancro sul lavoro

L'Ariete tende a guidare e, in diverse occasioni, si sentirà superiore al Cancro e a comandarlo. Anche così, ammetteranno anche che il Cancro è più organizzato, più perfezionista, e questo aiuterà ad aumentare la loro autostima e a sentirsi meglio.

Affinché la relazione funzioni, l'Ariete dovrà trattare il cancro nel modo in cui vorrebbe essere trattato. Il Cancro è molto ordinato quando si tratta di lavoro, gli piace portare a termine tutto il lavoro, mentre l'Ariete si stanca molto rapidamente e si arrende prima di raggiungere la fine.

Gemelli - Compatibilità Leone in amore

Gemelli e Leone sono lo spirito di ogni festa, insieme formano una coppia efficace e attiva che ha bisogno di essere notata e ascoltata. Il Leone ama essere al centro dell'azione e non c'è niente che seduce di più i Gemelli che festeggiare. Questi due ambasciatori sociali sono felici nelle riunioni, ma differiscono su molti punti.

Leo ama brillare davanti al pubblico, ma alla fine quello che cerca è una relazione onesta. I Gemelli, d'altra parte, non sono interessati a impressionare nessuno. In effetti, i Gemelli si preoccupano di nutrire il loro avido desiderio di curiosità.

Quando il Leone vuole instaurare un rapporto di fiducia, i Gemelli vogliono divertirsi. Di conseguenza, il Leone può apprezzare i Gemelli come insensibili, mentre i Gemelli possono sentirsi frustrati dai bisogni del Leone.

Tuttavia, attraverso la comunicazione, possono imparare ad avere una relazione basata sulla ricerca e sul divertimento.

Gemelli - Compatibilità Leone nell'amicizia

Fin dal primo momento vi renderete conto di avere molte cose in comune. Evidenziando il desiderio di vivere avventure e godersi la vita al massimo.

Passerete ore a parlare e vi renderete conto di essere allo stesso livello intellettuale. I Gemelli aiuteranno il Leone a essere più persuasivo e a relazionarsi socialmente.

Il Leone è attratto dai Gemelli per la sua creatività e il Leone apprezzerà i talenti dei Gemelli, cosa che li soddisferà in modo soddisfacente. Entrambi si ammirano a vicenda e possono diventare grandi amici.

Compatibilità Gemelli - Leone al lavoro

In ambito professionale, se entrambi riescono a concentrarsi sullo stesso obiettivo, buoni risultati. Il Leone di solito si concentra sulla pianificazione, mentre i Gemelli forniscono idee.

I Gemelli sono eccellenti nel negoziare, cosa da cui il Leone cercherà di ottenere il massimo. I Gemelli si preoccupano dei soldi e non si preoccupano se il Leone ottiene tutto il merito. Finché ottiene i soldi, tutto il resto non gli importa.

Gemelli - Compatibilità Vergine in amore

Gemelli e Vergine sono governati da Mercurio, il pianeta della comunicazione; quindi, condividono una comprensione e un apprezzamento sublimi per l'espressione. Tuttavia, nonostante questa influenza, questi due segni hanno modi molto diversi di trasmettere le informazioni. I Gemelli sono tutti sfuggenti, mentre la Vergine è eminentemente avvicinabile.

I Gemelli sono arguti e veloci con i loro pensieri, mentre la Vergine, un'acuta analista ed elaboratrice, preferisce le idee solo dopo averle organizzate correttamente. Di conseguenza, una relazione tra questi due segni richiede loro di lavorare sodo per garantire che condividano e si ascoltino a vicenda allo stesso modo. In caso contrario, i Gemelli finiranno probabilmente per monopolizzare la conversazione, mentre

La Vergine conserva una rabbia cupa contro il suo compagno esorbitantemente loquace. I Gemelli sono socievoli e possono anche rendere la Vergine frenetica o gelosa, tuttavia, quando ogni segno abbassa la guardia e decide di divertirsi, questa relazione ha del potenziale.

Gemelli - Compatibilità Vergine in amicizia

Quando si uniscono, si completano perfettamente a vicenda e possono creare un'amicizia forte e duratura. Entrambi affrontano le avversità e i problemi con un grande senso dell'umorismo, cosa che li rende speciali poiché non danno molta importanza ai problemi.

Sia i Gemelli che la Vergine amano fare le cose, andare all'avventura e non lasciare che la monotonia scompaia. Non solo, ma dal primo momento in cui vi incontrerete vedrete che avete personalità molto simili e complementari.

Gemelli - Compatibilità Vergine al lavoro

Per quanto riguarda il campo di lavoro, entrambi sono molto qualificati e, se si prefiggono lo stesso obiettivo, possono completarsi a vicenda e andare molto lontano insieme.

Entrambi i segni hanno la capacità di analizzare le cose. La Vergine è molto brava a negoziare e i Gemelli sono bravi a vendere. Dal momento che a nessuno di loro interessa essere guidato da un superiore, non si arrabbieranno o non saranno fraintesi. Anche in questo caso, dovranno controllare il loro desiderio di manipolare, poiché ciò può danneggiare la relazione.

Gemelli - Bilancia in amore Compatibilità

Tra Gemelli e Bilancia c'è una connessione istantanea
quando si accoppiano. Entrambi si allineano in perfetto
equilibrio. I due condividono conversazioni divertenti,
storie affascinanti e un sacco di favolosi festeggiamenti.
Tuttavia, la tensione può sorgere quando la Bilancia,
nonostante tutto il suo fascino, viene delusa dagli scherzi
dei Gemelli. La verità è che i Gemelli parlano di tutto con
tutto, e la Bilancia è più selettiva quando si tratta di iniziare
una conversazione, cosa che i Gemelli possono trovare un
po' presuntuosa. Tuttavia, se ogni segno è in grado di
rispettare l'approccio dell'altro, la coppia può durare a
lungo.

Gemelli - Compatibilità Bilancia in amicizia

Dal primo momento in cui si incontrano, si capiscono e
sanno di potersi fidare completamente l'uno dell'altro. Sono
più o meno la stessa cosa.

In un'amicizia tra Gemelli e Bilancia non ci sarà spazio per
la noia. Entrambi vogliono interagire costantemente e
vogliono fare molte attività perché non amano sedersi senza
fare nulla.

Entrambi i segni sono solitamente selettivi quando si tratta di scegliere le amicizie, poiché sono esigenti. Ecco perché, quando hai un amico al tuo fianco che considerano un buon amico, ti tratteranno molto bene e vorranno che rimanga nella tua vita per sempre.

Gemelli - Compatibilità Bilancia al lavoro

Per quanto riguarda l'area di lavoro, quando si uniscono possono ottenere molti successi. Entrambi hanno una mente molto creativa con la quale realizzano tutto ciò che si sono prefissati di fare.

La Bilancia è molto organizzata e porta equilibrio sul lavoro, e questo porterà tranquillità ai Gemelli, che di solito è quello che ha più iniziativa e si impegna di più.

Gemelli - Scorpione in amore Compatibilità

Gemelli e Scorpione sono facilmente disuguali. I Gemelli sono troppo impegnati con le molte emozioni della vita per lasciarsi coinvolgere in un particolare dramma, mentre lo Scorpione non oserebbe mai abbassare la guardia a meno che non sapesse che è una realtà. È interessante notare che Gemelli e Scorpione sono attratti l'uno dall'altro in modo potente e seducente.

I Gemelli sono ipnotizzati dagli spiriti dello Scorpione e lo Scorpione è preoccupato di cercare di conquistare l'affetto dei Gemelli.

All'inizio, la relazione è stimolata dal desiderio, ma una volta istituita la coppia, devono affrontare alcune grandi difficoltà. L'intraprendente Gemelli ha bisogno di libertà, mentre il potente Scorpione esige una lealtà incrollabile. E mentre i Gemelli sono flessibili, lo Scorpione si aggrappa ai propri sentimenti; quindi, è importante che entrambi vi esercitiate a leggere le modalità dell'altro.

Questa coppia non è facile, ma hanno una chimica straordinaria, soprattutto sessuale, e questo può rendere questa relazione degna di tutto il lavoro.

Gemelli - Scorpione Compatibilità in amicizia

Anche se non avete molte cose in comune e potete entrare in conflitto, nel momento in cui vi conoscerete vedrete che potete farvi molto bene e che potete costruire una solida amicizia.

I Gemelli sono abbastanza rilassati e hanno bisogno di uno Scorpione per organizzare la loro vita. Lo Scorpione difenderà il suo amico fino alla morte e questa sarà una prova di lealtà per i Gemelli.

Gemelli - Scorpione Compatibilità al lavoro

È l'area in cui possono fare meglio. Nel caso in cui entrambi si uniscano per raggiungere lo stesso obiettivo, il risultato è solitamente molto buono.

Per entrambi i segni, il lavoro è essenziale e questo può far guadagnare loro grandi trionfi. Dovrete lavorare sulle vostre differenze come l'instabilità dei Gemelli e la sensibilità dello Scorpione, perché nel momento in cui vi capite, potete fare molto bene l'uno all'altro.

Gemelli - Sagittario in amore Compatibilità

Gemelli e Sagittario sono compatibili, infatti, questa coppia è una delle più dinamiche dell'intero zodiaco. Questi segni sono per natura e quando si uniscono formano una coppia di potere incredibilmente squisita che ama la ricreazione.

Hanno approcci simili alla vita e si avvicinano al mondo con la stessa frenesia e ottimismo. Gemelli e Sagittario sono narratori naturali e la stimolazione mentale tra questi due segni fa sì che i neuroni proiettino ad alta velocità.

Fondamentalmente, è una relazione che non richiede molto lavoro, ma non dovresti dare per scontata la tua relazione.

Ogni relazione richiede fiducia e impegno, quindi entrambi dovete assicurarvi di non prendervi troppe libertà.

Circo stanzialmente, l'ego del Sagittario può causare problemi, ma i Gemelli con le loro capacità suggestive sapranno come incanalare le circostanze.

Ovviamente, il Sagittario ha molto di cui vantarsi, ma dovrebbe essere più umile.

Gemelli - Compatibilità Sagittario nell'amicizia

Quando si uniscono e stringono un'amicizia, questa è duratura poiché creano un legame speciale. Troverete caratteristiche comuni che vi renderanno inseparabili.

Sono entrambi socievoli, amano sedurre e divertirsi. Entrambi i segni amano i viaggi e l'avventura. I Gemelli saranno quelli che proporranno i piani e il Sagittario accetterà sempre.

Sono abbastanza simili, ma a un certo punto potrebbero scontrarsi, quindi devi stare attento.

Gemelli - Compatibilità Sagittario sul lavoro

Entrambi vi capirete perfettamente perché hanno personalità simili. Se le due cose si uniscono, possono avere molto successo.

Gemelli e Sagittario hanno un alto livello intellettuale e con questo potranno andare dove vogliono. I Gemelli hanno molte capacità di negoziazione e il Sagittario porterà sempre idee molto intelligenti.

Gemelli - Compatibilità Capricorno in amore

Gemelli e Capricorno è una relazione che richiede molta dedizione. Il Capricorno, il segno zodiacale che lavora più duramente, non capisce come una persona così irregolare possa raggiungere un tale successo.

Mentre il Capricorno si consuma sul lavoro, i Gemelli, come uno stregone, mostrano i vari modi in cui raggiunge il successo, lasciando il Capricorno in soggezione e completamente innamorato. Attraverso la comunicazione, questi due possono gradualmente imparare a capirsi meglio.

Per costruire una relazione sana, il Capricorno deve permettere ai Gemelli di cambiare idea frequentemente. I Gemelli devono comunicare il loro processo di pensiero al Capricorno, in modo che il loro compagno terreno possa ragionare sulle ragioni dei loro sproporzionati cambiamenti di opinione.

In breve, le dinamiche di questa relazione possono funzionare, ma richiederanno dedizione da entrambe le parti.

Gemelli - Compatibilità Capricorno in amicizia

Nonostante abbiano personalità molto diverse, un'amicizia tra Gemelli e Capricorno può avere un buon futuro.

Il Capricorno apprezza molto l'amicizia e ha bisogno di avere un amico incondizionato di cui potersi fidare e che faccia parte della sua vita. I Gemelli hanno molte persone intorno a loro, ma non danno la stessa importanza all'amicizia del Capricorno.

I Gemelli faranno sì che il Capricorno inizi ad apprezzare le amicizie.

Gemelli - Compatibilità Capricorno sul lavoro

È qui che hanno la massima compatibilità. Entrambi i segni considerano fondamentale il lavoro, a volte anche sovrapponendosi al partner, agli amici o alla famiglia. Il Capricorno ha bisogno di riflettere a fondo, questo aiuterà i Gemelli, poiché sono persone molto impulsive che agiscono senza calcolare i rischi in nessuna circostanza. Entrambi impareranno l'uno dall'altro.

Acquario - Gemelli in amore Compatibilità

I Gemelli e l'Acquario hanno idee simili. L'Acquario è molto incuriosito dall'arguto Gemelli, che a sua volta è incantato dall'atteggiamento immutabile e dalla passione profondamente umanitaria dell'Acquario. Gemelli e Acquario si capiscono in modo maturo e sanno come affinare l'immaginazione l'uno dell'altro con grandi dialoghi. Tuttavia, l'Acquario è noto per le sue idee estremamente ribelli, che, sebbene meravigliose, possono infastidire i Gemelli, che generalmente preferiscono la familiarità alla ribellione. Tuttavia, nonostante una piccola ellisse di istruzione, è facile per questi due imparare a stare insieme. Questa relazione può evolversi in una storia d'amore formale e duratura nel tempo.

Acquario - Gemelli Compatibilità nell'amicizia

Saranno attratti l'uno dall'altro perché si assomigliano e hanno personalità simili.

I Gemelli sono affascinati dalla ribellione dell'Acquario e questo migliorerà la loro creatività. L'Acquario sarà attratto dalla comunicazione e dalla capacità dei Gemelli di negoziare e ottenere ciò che vuole.

Può essere un'amicizia che dura tutta la vita, purché i Gemelli controllino la gelosia.

Compatibilità Acquario - Gemelli sul lavoro

In termini di lavoro, tendono a creare un buon duo. Entrambi hanno la creatività di cui hanno bisogno ed entrambi porteranno le qualità di cui hanno bisogno per realizzare tutto ciò che si sono prefissati di fare.

Dovrebbero diffidare delle critiche, poiché l'Acquario si esprime direttamente senza pensare alle conseguenze, e i Gemelli potrebbero sentirsi attaccati, poiché odiano ricevere critiche, positive o negative.

Gemelli - Pesci innamorati Compatibilità

Gemelli e Pesci hanno una relazione complessa. Poiché i Gemelli sono personificati dai Gemelli, questo segno d'aria porta la sua dualità sul viso. D'altra parte, i molteplici profili dei Pesci sono meno visibili ad occhio nudo.

Il segno dei Pesci rappresenta due pesci uniti che si muovono in direzioni opposte, simboleggiando il loro rapporto con i regni sottile e terreno.

Dal momento che sono entrambi a due facce, capiscono il bisogno di libertà e di ricerca dell'altro. Tuttavia, né i Gemelli né i Pesci sono bravi a creare confini, quindi questa coppia deve lottare molto per creare una dinamica.

I Pesci sono sensibili e possono essere sospettosi degli scopi che si celano dietro l'astuta sottigliezza dei Gemelli.

Nel frattempo, è probabile che i Gemelli pensino che i Pesci siano eccessivamente drammatici. Per funzionare, questa coppia ha bisogno di comunicare onestamente e senza giochi.

Gemelli - Pesci Compatibilità in amicizia

Non saranno attratti da loro perché hanno personalità diverse. Tuttavia, hanno alcuni aspetti da cui sono attratti.

I Gemelli saranno sorpresi da come i Pesci vedono la vita e vorranno chiedervi cosa pensano e come organizzano la loro vita quotidiana.

I Pesci saranno attratti dalla facilità di parola dei Gemelli e la comunicazione è qualcosa che fallisce in questo segno d'acqua.

Gemelli - Pesci Compatibilità al lavoro

Per quanto riguarda il desktop, è lì che sono più compatibili. Sono entrambi grandi lavoratori e quando fissano un obiettivo, lottano fino a raggiungerlo, non importa cosa serva.

I due segni si fideranno ciecamente l'uno dell'altro poiché hanno atteggiamenti simili. Entrambi hanno interesse ad avere successo e ad ottenere benefici economici e, soprattutto, sono soddisfatti del raggiungimento dei propri obiettivi.

I migliori animali domestici per i Gemelli

Per i Gemelli, la cosa più importante è la comunicazione e il contatto con le persone che gli stanno a cuore.

Gli animali domestici non fanno eccezione, i Gemelli vogliono sentire di essere a stretto contatto con loro, di sapere cosa prova l'animale che hanno scelto e che il loro animale domestico li capisce.

Gli uccelli con la capacità di riprodurre la voce umana, come i pappagalli, sono una scelta eccellente per i Gemelli. Nel loro modo di comunicare, sono la cosa più vicina alle persone.

I Gemelli sono sempre alla ricerca della parte che li completa e un animale domestico che li ascolta può essere l'inizio di questo viaggio.

Animali nati sotto il segno dei Gemelli

Gli animali nati sotto il segno dei Gemelli, qualunque sia la specie, non possono stare da soli, hanno bisogno al loro fianco della piacevole sensazione di essere parte complementare di un altro essere.

Essendo animali sociali, sono molto cooperativi e partecipano al lavoro collettivo della loro specie o di altre.

Mostrano compassione per i deboli e sono in grado di aiutare altre creature in difficoltà. Questi sono quegli animali che ti permettono di avere più di un animale domestico in casa.

Il loro costante bisogno di interazione li rende molto intelligenti. Possono imparare più di un trucco ed essere davvero utili a casa e nell'aiutare le persone con limitazioni fisiche.

Sono longevi e di solito superano l'età naturale della loro specie. Sono uno dei migliori animali da avere come parte della famiglia, poiché non lasciano mai che i loro proprietari diano conforto.

Regali appropriati per i Gemelli

Divertente ed estroverso. Regali che richiamano la tua creatività, il tuo lato comunicativo e la tua spontaneità. Un biglietto per un viaggio che comporta molte avventure e rischi, un telefono moderno, una penna con le iniziali incise su di esso o un gioco da tavolo renderanno molto felice il comunicatore zodiacale.

I Gemelli possono sciogliervi il cuore con un ricordo personalizzato che rappresenti la vostra relazione. Se optate per una foto incorniciata di voi due insieme o braccialetti dell'amicizia, perché sicuramente questo farà appello al vostro lato sentimentale non così segreto.

I Gemelli amano divertirsi! Sono divertenti, estroversi, flessibili e perennemente pronti per l'avventura; quindi, non puoi sbagliare con un regalo inventivo e premuroso che fa appello alla loro creatività colorata e al loro lato spontaneo.

I bicchieri da vino con il simbolo zodiacale dei Gemelli sono un suggerimento, perché quell'amante del divertimento porterà con sé quel bicchiere di vino ovunque vada, svolazzando come la farfalla sociale che è.

Puoi anche permetterti un biglietto per un viaggio che è un'avventura, perché i Gemelli sono sempre disposti a correre rischi e vivere esperienze emozionanti. Non deve essere niente di speciale, ma è molto divertente.

Qualcosa di molto importante è che i Gemelli sono solitamente persone molto divertenti e socievoli che amano tutto ciò che riguarda la comunicazione: leggere, parlare, scrivere, contare, sono in grado di trascorrere ore al telefono con la famiglia o gli amici; quindi, qualsiasi articolo che li aiuti a essere in contatto con i loro cari suonerà alla grande.

Fortunatamente, non sono eccessivamente materialisti e sono interessati alla funzionalità di un regalo molto più del suo prezzo. A loro piace la varietà e poiché è legata alle braccia, alle mani e ai polmoni, anche gli oggetti e gli accessori per queste aree del corpo sono buoni regali per un Gemelli.

Le parti del corpo del segno dei Gemelli

Questo segnale è associato alla schiena, alle braccia e ai nervi. Sono soggetti a bronchite e frattura della clavicola e delle braccia. Lo stress e le sovra responsabilità mettono a dura prova il tuo sistema nervoso.

Piante per Gemelli

Gemini è noto per la sua versatilità, che si riflette nelle piante che completano la sua personalità.

Questo segno si caratterizza per la sua mente irrequieta e la capacità di adattamento, quindi ha bisogno di piante dinamiche.

Le piante rampicanti sono ideali per i Gemelli in quanto permettono loro di crescere in modo flessibile, seguendo la loro curiosità e cercando nuove esperienze. Anche le piante con colori attraenti sono un'opzione per questo segno, in quanto riflettono la vitalità.

La lingua di tigre ha una foglia bicolore, questa è la pianta perfetta per i Gemelli. In grado di resistere a tutti gli sbalzi di temperatura e senza bisogno di acqua in abbondanza.

L'origano, pianta ad azione sedativa, antispasmodica e carminativa, con proprietà antireumatiche, è anche un'altra pianta per i Gemelli.

Viene utilizzato nei disturbi digestivi, nelle condizioni respiratorie e nei dolori muscolari, applicandolo sotto forma di sfregamenti.

Rituali d'amore per il segno dei Gemelli

Rituale dell'arancia

Bisogno:

- 1 Arancia

- Penna Rossa

- Foglia d'oro

- 1 candela rossa

- 7 nuovi aghi da cucito

- Nastro rosso

- Nastro giallo

Tagliate l'arancia in due e al centro mettete la carta dorata dove avrete precedentemente scritto il vostro nome cinque volte e quello della persona che amate con inchiostro rosso. Chiudete l'arancia con la carta all'interno e fissatela con gli aghi da cucito. Quindi avvolgilo con il nastro giallo e il nastro rosso, dovrebbe essere colorato.

Accendi la candela rossa e metti la candela arancione davanti ad essa. Quando esegui questo rituale, ripeti ad alta voce: "L'amore regna nel mio cuore, sono per sempre unito (ripeti il nome della persona), nessuno ci separerà".

Quando la candela brucia, dovresti seppellire l'arancia nel tuo giardino o in un parco, preferibilmente dove ci sono fiori.

Incantesimo per aumentare la passione

Bisogno:

- 1 foglio di Libro Verde

- 1 mela verde

- Filo rosso

- 1 coltello

Questo rituale deve essere eseguito di venerdì all'ora di Venere. Scrivi il nome del tuo partner e il tuo sul foglio di carta verde e disegna un cuore intorno ad esso. Tagliate la mela a metà con il coltello e posizionate la carta tra le due metà.

Quindi legare le metà con il filo rosso e fare cinque nodi. Mentre fai i nodi, ripeti ad alta voce:

"Is maith liom mo shúil, Wow ba me piyáv, Dáv tute m´re ba cana tu mánge šal". Prenderai un morso alla mela e ingoierai quel pezzo.

A mezzanotte seppellirai i resti della mela il più vicino possibile alla casa del tuo partner, se vivete insieme, la seppellirete nel tuo giardino.

Incantesimo per trasformarsi in una calamita

Per avere un'aura magnetica e attirare donne o uomini, dovresti realizzare un sacchetto giallo contenente il cuore di una colomba bianca e gli occhi di una tartaruga in polvere.

Questa borsa dovrebbe essere portata nella tasca destra se sei un uomo. Le donne indosseranno la stessa borsa, ma all'interno del reggiseno sul lato sinistro.

Rituale del denaro per i Gemelli

Incantesimo durante l'eclissi lunare.

(Per attirare le tue buone energie e raggiungere la prosperità.)

Bisogno:

– 1 foglio di carta blu

- Sale marino

- 1 candela d'argento grande

- 3 bastoncini di incenso rosa

- 16 piccole candele bianche

Formate il sale in cerchio sul foglio di carta. Nel cerchio fatto con il sale, strutturate due cerchi, uno con le cinque candelette e l'altro all'esterno con le restanti undici. Posiziona la candela d'argento al centro.

Accendi le candele nel seguente ordine: prima quelle nel cerchio interno, poi quelle all'esterno e infine quelle al centro. Accendi l'incenso con la candela grande e mettilo in un contenitore fuori dai cerchi.

Quando esegui questa operazione, visualizza i tuoi desideri di prosperità e successo. Infine, lascia che tutte le candele brucino. I resti possono essere gettati nella spazzatura.

Incanta con lo zucchero e l'acqua di mare per la prosperità.

Bisogno:

-Acqua di mare

- 3 cucchiai di zucchero

- 1 Calice di Cristallo Blu

Riempi il bicchiere con acqua di mare e zucchero, lascialo all'aperto la prima notte di Luna Piena e tiralo fuori dalla serenità alle 6:00 del mattino.

Poi apri le porte di casa e inizi a fare la doccia con l'acqua zuccherata dall'ingresso verso il basso, usa un flacone spray, mentre lo fai dovresti ripetere nella tua mente:

"Attiro nella mia vita tutta la prosperità e la ricchezza che l'universo sa che merito, grazie, grazie, grazie."

Rituali di salute per i Gemelli

Incantesimo delle tre candele.

Questo rituale è per le persone che sono convalescenti da una malattia o hanno qualche dolore fisico difficile da eliminare.

(Dovresti continuare il tuo farmaco, cioè supplementare per un recupero più rapido.)

- 1 candela d'oro

- 1 candela bianca

- 1 candela verde

- 1 contenitore per candele

- 1 foto o oggetto personale

- 1 bicchiere di acqua santa

Posiziona le 3 candele a forma di triangolo nel contenitore, al centro posiziona la foto o l'oggetto personale; quindi, posiziona il bicchiere di acqua santa sopra la foto o accanto all'oggetto personale all'interno del triangolo delle candele. Quindi accendi le candele in senso orario.

Ripeti mentre accendi le candele: Mwen limen bouji sa yo pou reyalize rekiperasyon mwen an, envoke 3 dife entèn mwen yo ak salamand yo pwoteksyon ak undines, transmute doulè sa ad ak malèz nan enèji geri nan sante ak byennèt. Ripeti questa preghiera 12 volte.

Quando finisci la preghiera, prendi il bicchiere con entrambe le mani e versa l'acqua in uno scarico in casa, per terminare il rituale, spegni le candele con le dita, puoi usarle di nuovo per lo stesso scopo.

È più efficace la domenica all'altezza del Sole o di Giove.

Incantesimo contro vizi e vizi

Dovresti prendere una bottiglia con un coperchio, riempirla a metà con aceto di sidro di mele e l'altra con la bevanda alcolica o le droghe che la persona consuma. Mentre lo compili, ripeti con fermezza:

"Invoco l'universo Padre e Madre Terra, i quattro elementi che il tuo essere farà diventare acida e amara in bocca a questa dipendenza (ripete il nome della persona) e la abbandonerà completamente."

Chiudi la bottiglia e sigillala con del nastro adesivo, riprendi la bottiglia tra le mani e scuotila sette volte ripetendo: "Finché questa bottiglia rimane sigillata, (il nome della persona) non ricadrà in nessuna morsa".

Pulisci l'esterno della bottiglia con acqua santa e versala in un fiume.

Storia della costellazione dei Gemelli

La costellazione dei Gemelli rappresenta i gemelli Castore e Polluce nella mitologia greca. I fratelli erano anche conosciuti come Dioscuri, che significa "figli di Zeus". Tuttavia, nella maggior parte delle versioni del mito, solo Polluce era il figlio di Zeus, e Castore era il figlio del re mortale Tindaro di Sparta.

La madre dei gemelli, la regina Leda di Sparta, fu violentata da Zeus, che visitò la regina sotto forma di cigno (associato alla costellazione del Cigno), e rimase incinta di Polluce ed Elena, che sarebbe diventata la famosa Elena di Troia.

Quello stesso giorno, Leda rimase incinta di Castore e Clitennestra. Erano stati generati da Tindaro e, a differenza dei figli di Zeus, erano mortali.

Castore e Polluce sono cresciuti insieme ed erano molto legati. Castore era un eccellente cavaliere e abile nella scherma, e Polluce era famoso per le sue abilità nel pugilato. I due facevano parte della spedizione degli Argonauti per ottenere il Vello d'Oro.

I gemelli hanno salvato l'equipaggio in diverse occasioni. Questo è il motivo per cui erano conosciuti come i santi patroni dei marinai, e si diceva che il dio Poseidone stesso avesse dato loro il potere di salvare i marinai che naufragavano in mare e che avesse anche dato loro due cavalli bianchi su cui a volte sono raffigurati.

Castore e Polluce rapirono le figlie di Leucippo, Hylaira e Phoebe, e le sposarono. Per questo motivo, Ida e Linceo, anch'essi fratelli gemelli e nipoti di Leucippo (o pretendenti rivali), uccisero Castore.

Polluce, che aveva ricevuto il dono dell'immortalità da Zeus, convinse suo padre a concederlo anche a Castore. Così, i due si alternarono come dèi sull'Olimpo e come mortali morti nell'Ade.

Zeus ricompensò ulteriormente questo amore fraterno collocandoli entrambi in cielo, dove rimangono inseparabili come la costellazione dei Gemelli.

Come trovare la costellazione dei Gemelli?

Questa costellazione si vede meglio nel cielo durante l'inverno. Se guardiamo intorno alle 21:00 a sud-est, troveremo la costellazione dei Gemelli a circa 30° a nord-est di Orione.

È facile da riconoscere grazie alle sue due stelle luminose principali. Si trova tra le costellazioni del Toro e del Cancro ed è referenziato dalle stelle Castore e Polluce. Entrambe sono le stelle più luminose di questa costellazione e la loro vicinanza le rende un punto focale per guardare il cielo.

Castore e Polluce sono stelle doppie, il che significa che ci sono due stelle in ciascuna delle stelle. Ciò significa che, in totale, il segno zodiacale dei Gemelli ha quattro stelle principali. Ognuna di queste stelle ha una luminosità diversa ed è visibile in diversi periodi dell'anno.

Stelle nella costellazione dei Gemelli

Gemini è noto principalmente per le sue due stelle luminose, Castore e Polluce, la stella di neutroni Geminga e diversi oggetti notevoli nel cielo, tra cui l'ammasso aperto Messier 35, la Nebulosa Eschimese e la Nebulosa Medusa.

Le due stelle più luminose della costellazione, Alfa e Beta Geminorum, segnano le teste dei gemelli.

Qual è la stella più luminosa della costellazione dei Gemelli?

Polluce è la stella più luminosa della costellazione dei Gemelli. È una stella gigante arancione che si trova a 33,7 anni luce dal nostro sistema solare.

Questa stella è una delle più grandi e luminose che si possano osservare ad occhio nudo dalla Terra. La sua luminosità è così intensa che spesso può essere scambiata per un pianeta, ma in realtà è una stella massiccia che si trova a milioni di anni luce di distanza.

Luna in Gemelli Natal

Le persone con la Luna in Gemelli sono influenzabili, di conseguenza possono facilmente apprezzare tutti i punti di vista. Tuttavia, hanno difficoltà a capire quale sia esattamente il loro punto di vista o a concentrarsi su un argomento per un periodo di tempo.

La Luna è in Gemelli, ti senti più sicuro quando esplori nuove idee e ti godi l'interazione sociale con gli altri. La Luna in Gemelli ha bisogno di essere libera di esplorare la dualità e sperimentare l'intera gamma di emozioni.

Se la tua Luna è nel segno dei Gemelli, la tua zona di sicurezza consiste nel mantenere aperte le tue opzioni e sentirti libero di creare la tua opinione su contesti diversi.

Ascendente Gemelli

Sono persone molto creative, in ogni conversazione hanno infinite idee grazie al fatto che la loro mente crea costantemente.

Sono persone che nascono con il dono dell'indagine e vogliono sapere come funzionano le cose intorno a loro. Trasmettono molta gioia ovunque vadano e chi è al loro fianco si diverte molto con loro.

Amore a distanza e segni zodiacali.

Le relazioni a distanza sono sempre esistite, ma ai nostri tempi è sempre più comune trovare coppie che mantengono le stesse relazioni a causa, tra l'altro, dell'avanzamento della tecnologia. Questo tipo di relazione può portarci molta gioia, ma anche molti conflitti psicologici.

Quando qualcuno si innamora in questo modo, si crea una serie di aspettative che, se non soddisfatte, possono finire in delusione. Se una relazione in cui viviamo insieme quotidianamente deve essere curata in modo che l'amore non muoia, una relazione a distanza richiede molta più attenzione.

Tutte le persone e le relazioni sono diverse, ma in generale è molto importante comunicare, poiché in qualsiasi tipo di relazione la comunicazione è definitiva per avere successo.

Non tutti i segni zodiacali affrontano le relazioni a distanza allo stesso modo, vediamo cosa dice l'astrologia a riguardo:

Ariete: La tua passione è sempre evidente, ma quando sei lontano dal tuo amore aumenta. Lottare per stare con il tuo partner è una prova d'amore, ma spesso sembra una manifestazione della tua incapacità di adattarti.

Toro: Non importa quante miglia ti portino lontano dalla persona che ami, combatterai sempre per quell'amore. Ma se la tua dolce metà smette di contattarti senza motivo, lo interpreti come disattenzione e scompari dalla tua vita.

Gemelli: Hai bisogno di informazioni quotidiane sul tuo partner; quindi, ti chiama e ti dice i dettagli di dove si trova e cosa fa, anche se è insignificante. Aspiri a una relazione in cui c'è fiducia ovunque tu sia.

Cancro: Una vergogna, poiché l'unico spazio che fornisce sicurezza alla tua vita romantica è la casa. Sei molto tenero, e questo si accentua quando ti manca colui che ti ha rubato il cuore.

Leone: Un conflitto per te, dal momento che non riesci a concepire che il tuo partner sia lontano, il tuo ego è troppo grande. Devi avere il controllo della relazione. La distanza non ti attrae a lungo e tendi a sentirti limitato da essa.

Vergine: Non affronti bene la distanza perché anche se non dipendi da nessuno per essere felice, quando ti innamori ti sposterai alla fine del mondo per stare con la persona che ti fa venire le farfalle nello stomaco.

Bilancia: Essendo così romantico di tanto in tanto, farai dichiarazioni d'amore in modo che l'emozione non vada perduta. A volte devono controllarsi per non cadere nella tentazione di essere infedeli.

Scorpione: Questo sarà un dramma appassionato, poiché le assenze non distruggono la tua vita amorosa, solo la monotonia distrugge. Ti piacciono anche le rotture colorate con un po' di melodramma.

Sagittario: I confini non sono limiti per te. Sei premuroso e quando hai la tua anima gemella lontana, lo sei ancora di più. Gli invierai e-mail e cartoline per ricordargli quanto lo ami e quanto ti manca.

Capricorno: Finché dura la relazione a distanza, farai progetti incentrati sul futuro, questo ti dà speranza e ti fa sentire vivo. Il tuo obiettivo è vivere al fianco di quella persona e lo visualizzerai quotidianamente.

Acquario: A volte vuoi avere il tuo partner intorno per fare progetti insieme e altre volte vuoi avere spazio per espandere la tua vita individuale. Essendo un amante della libertà, non hai problemi.

Pesci: Romantico, è normale che tu faccia sbocciare l'amore, anche se il tuo partner è dall'altra parte del mondo. La distanza è un'opportunità per essere innamorati e sentire la mancanza dell'amore. Ti arrendi completamente, anche se i sette mari sono nel mezzo.

Separazioni di coppia. Possiamo riconquistare l'amore?

Uno degli eventi più tristi che si possono vivere in ambito sentimentale è la rottura con il nostro partner. Non tutti i problemi di coppia possono essere risolti, a volte non abbiamo opzioni e dobbiamo porre fine alla relazione e iniziare un nuovo ciclo.

Quando si verifica una rottura, un disturbo così esteso che può causare scoraggiamento, mancanza di appetito e sonno e, in molti casi, anche stress post-traumatico.

Questa brutta esperienza può abbassare la tua autostima e farti sentire spaventato dall'affrontare il futuro. Tuttavia, tenendo sempre conto della causa della separazione, le rotture non devono essere per sempre, non significano necessariamente che la relazione sia finita e che non ci sia alcuna possibilità di salvare la storia d'amore.

Dovremmo sempre pensare se vale la pena recuperare la relazione e se ci sono più motivi per stare insieme che separati. Bilancia i pro e i contro, cioè analizza se ci sono più aspetti positivi che negativi.

Durante il periodo in cui siete lontani, imparate a vedere il lato positivo e chiedetevi: qual è stata la vera ragione di questo evento? Se vuoi riconquistare la persona che ami, devi essere consapevole dei contributi che hai dato alla relazione, analizzare te stesso.

Durante il periodo della separazione, non perdere il contatto con la tua dolce metà, ma cerca di mantenere l'equilibrio nella comunicazione in modo da darle il tempo di sentire la tua mancanza, e anche in modo che abbia il suo spazio e non si senta soffocare. Concentrati su argomenti generali.

Cerca di vivere nel qui e ora, non condizionare la tua felicità al momento in cui potrai sicuramente ritrovare te stesso, perché può succedere, o forse non succede mai.

Indipendentemente dai tuoi desideri, se riflette e differisce, devi ammettere la realtà. Comportati in modo tale che, con il passare del tempo, ti senti orgoglioso della decisione che hai preso.

Essere pazienti è essenziale in queste situazioni, l'altra persona potrebbe avere i suoi dubbi e potrebbe prendersi il suo tempo per osservarti e pensare; quindi, dovresti continuare con la tua vita, uscire con i tuoi amici, condividere con la tua famiglia, fare esercizi in modo da incanalare l'energia negativa, rafforzare la fiducia in te stesso e mantenere un buon umore.

Molte persone superano facilmente questi traumi e anche l'astrologia qui ha la sua ipotesi. I segni che appartengono all'elemento aria, cioè Gemelli, Bilancia e Acquario, superano le rotture amorose molto rapidamente, i loro cuori non rimangono spezzati a lungo e cercheranno mille modi per essere occupati e smettere di pensare alla situazione.

I Segni d'Acqua, il Cancro, lo Scorpione e i Pesci sono sempre disposti a riconsiderare qualsiasi decisione, sanno come tornare alla normalità, cancellare il dolore dalla loro anima e ricominciare da zero. Qui vale la pena chiarire che se c'è stata un'infedeltà, gli Scorpioni non la perdonano o la dimenticano.

La riconciliazione è un processo di crescita e cambiamento prolungato che richiede sforzo, pazienza e modifica del comportamento, ma l'amore è il sentimento più potente e puro che ci sia, per cui vale la pena lottare. È la forza per superare tutti gli ostacoli, ci rende forti e teneri allo stesso tempo. Se vuoi combattere per qualcuno dal profondo del tuo cuore, fallo.

Chi è la tua anima gemella secondo il tuo segno zodiacale?

Quando sentiamo il termine "anime gemelle", di solito pensiamo che si riferiscano ai membri di una coppia, cioè a qualcuno con cui si ha un forte legame sentimentale-sessuale. Tuttavia, le anime gemelle legittime non sempre si relazionano tra loro da questo punto di vista e spesso non sono nemmeno interessate all'aspetto sessuale di una relazione.

La tua anima gemella non può essere solo il tuo partner, ma anche tuo padre, amico, figlio, nonno, capo o sorella.

Da un punto di vista astrologico, e tenendo conto che le lezioni che dobbiamo imparare prima di raggiungere il livello spirituale successivo sono quelle che definiscono il tipo di relazioni affettive che dobbiamo sviluppare nella vita di oggi, possiamo dire che Cancro e Pesci sono anime gemelle dell'Ariete.

Con Cancro e Pesci, l'Ariete non solo può concentrarsi meglio e risolvere i conflitti senza violenza, ma anche sviluppare l'empatia, cioè la capacità di mettersi nei panni dell'altro e imparare a condividere.

Questi due segni non amano i conflitti e, se lo fanno, preferiscono il dialogo a qualsiasi episodio di brutalità. I Gemelli possono insegnare al Cancro e ai Pesci a non aver bisogno dell'approvazione degli altri, ad essere più rischiosi e a non cercare di piacere a tutti, cioè ad essere più assertivi.

Il sensuale Toro, nemico del cambiamento, parente di sangue dell'inerzia, ha come anima gemella il Sagittario e i Gemelli, due segni che sanno che la vita è un viaggio affascinante, ma non statico.

Possono insegnare ai Gemelli che non devono rimanere dove non devono essere per paura dell'incertezza, e che ci saranno sempre certe situazioni o circostanze che accadranno senza che ce le aspettiamo e senza che abbiamo alcun potere di cambiarle.

Anche i Gemelli hanno molto da insegnare a questi segni.

 Lezioni di forza di volontà, di impegno verso gli altri, di impegno in ciò che si fa e di perseveranza fino alla fine, senza fretta o lentezza. Sii prudente e di principio.

Il Leone può bilanciare molto karma con le sue anime gemelle che appartengono alla Bilancia e all'Acquario.

Un Leone può essere testardo con un'idea o una credenza errata per vanità; La Bilancia e l'Acquario sanno che dietro una persona egocentrica c'è una bassa autostima. La Bilancia insegnerà al Leone equanimità e tolleranza, come usare il ragionamento e la diplomazia per mantenere una comunicazione fluida.

L'Acquario, il segno opposto al Leone, dotato di giudizio obiettivo ed equo, poiché non si lascia mai trasportare dai pregiudizi, insegnerà al Leone a vedere il cuore delle persone, a offrire la sua spalla e a dare parole comprensive nei momenti di bisogno.

Il Leone non esita mai quando prende decisioni e, se lo fa, non lo manifesta, cosa che la Bilancia dovrebbe praticare.

La fedeltà è un segno distintivo in Leone, qualcosa che l'Acquario non conosce, e i piccoli leoni possono dare loro lezioni di moralità.

La Vergine, nota come perfezionista, a causa dell'immensa paura che ha di fallire, ha come anime gemelle lo Scorpione e il Capricorno. Alla Vergine piace essere severa nelle sue decisioni e ha un prototipo in quasi ogni aspetto della sua vita.

Questa selettività impedisce loro di seguire il movimento della vita. La Vergine distruggerà letteralmente un intero progetto se sente che non è stato perfetto, in primo luogo, cosa che un Capricorno non farebbe mai, poiché la sua visione gli permetterà di vedere che è sempre possibile adottare misure alternative, senza dover ricominciare da capo.

Il Capricorno è un segno sicuro del proprio spazio, non prende decisioni senza senso, cosa che a volte fa la Vergine. Lo Scorpione, d'altra parte, è in grado di mitigare il peggio e migliorare il meglio della Vergine. Lo Scorpione e la Vergine hanno un approccio pratico alla vita, tuttavia, gli Scorpioni sono molto più vivaci della Vergine.

Lo Scorpione porterà la determinazione che manca alla Vergine e la Vergine porterà il controllo e la razionalità all'appassionato Scorpione.

La Vergine renderà il Capricorno più piacevole e giocoso intorno a loro, isolandoli da quell'eccessiva serietà che spesso mostrano sul loro viso.

Qual è il segno più dominante dello zodiaco?

Il controllo ci dà un senso di sicurezza, ma il problema è che non possiamo controllare la stragrande maggioranza delle cose che accadono nella nostra vita, o in quelle di altre persone, e cercare di farlo serve solo a creare più stress e conflitto per noi.

Le persone che controllano pensano di sapere cosa è nel migliore interesse di coloro che le circondano e potrebbero voler dominare passivamente e persino indirettamente. A seconda del tuo segno zodiacale, avrai un modo specifico di controllare e sarai più o meno aggressivo in questo senso.

Ariete: Tendono a sentirsi superiori, più intelligenti e più efficaci. Da qui la necessità di monitorare tutto. Presumono di dover essere al comando perché gli altri non sanno come risolvere qualcosa correttamente.

Toro: Si sentono in diritto di invadere lo spazio di chi li circonda. Svalutano i successi l'uno dell'altro, trattano la persona controllata come incapace e cercano persino di cambiarli.

Gemelli: Questo segno è intelligente e spesso sa come prendere le redini senza che tu te ne accorga. Non vedono l'altra persona come libera, ma devono dipendere da lei e da tutti gli ordini che dà.

Cancro: Credono di dover supervisionare i più piccoli dettagli di tutto ciò che si muove intorno a loro. Tutto deve essere pianificato e organizzato secondo ciò che si è deciso con estremo rigore. E, naturalmente, sono convinti che il loro modo di risolvere le cose sia il migliore.

Leone: Cerca con tutti i mezzi di rendere le situazioni e i comportamenti degli altri conformi a ciò che credono sia giusto. Un altro elemento che usano sono le minacce, dirette o indirette, come punizioni o conseguenze se non fai ciò che dice Leo.

Vergine: Si intromettono persino nelle conversazioni degli altri. Criticano costantemente gli altri e sono molto sospettosi. Probabilmente cercheranno anche di introdurti nella loro cerchia di amici e familiari al punto da renderla il loro unico ambiente sociale.

Bilancia: Se possibile, controllerebbero il flusso sanguigno di tutte le persone importanti della tua vita. Si comportano come se fosse del tutto normale anticipare le decisioni dell'altro e prenderle da soli per l'altra persona. La scusa potrebbe essere quella di non perdere tempo o di non fare la cosa giusta per tutti.

Scorpione: ti controlla isolandoti dai tuoi amici o dalla tua famiglia, lo fa in modo molto sottile. Potrebbero lamentarsi della frequenza con cui parliamo con i nostri familiari o dire che non gli piacciono. D'altra parte, può anche accusarti costantemente di non saper fare nulla.

Sagittario: È uno stratega del controllo perché non controlla tutto il tempo, ed è super intelligente per farlo. Non esita a dare consigli agli altri, anche se non gliel'hanno chiesto, perché pensa di sapere meglio di chiunque altro come dovrebbero procedere.

Capricorno: Sono spesso abili nell'usare il senso di colpa per ottenere ciò che vogliono dagli altri. Sono molto paternalistici, usano questo meccanismo per nascondere il loro tentativo di potere o controllo sull'altro.

Acquario: Non sopportano di non sapere cosa accadrà o come sarà il futuro. Credono che gli altri siano imperfetti sotto ogni aspetto. Si sentono ansiosi e sconvolti quando le cose non vanno come avevano immaginato. A loro piace essere necessari perché li fa sentire responsabili di determinate situazioni e questo li rassicura.

Pesci: Tende a controllare le cose o le persone con strategie emotive. Essendo sensibile, puoi essere un esperto di ricatto emotivo. Si appella alla fiducia che l'altra persona ha in lui e finisce per usarla come argomento quando prende l'iniziativa nelle decisioni.

Accettare l'idea che non possiamo sempre sapere cosa accadrà, o controllare tutto, può essere difficile. Spesso questo tentativo di controllo, soprattutto nelle coppie, nasce dalla paura dell'abbandono.

Dobbiamo tenere presente che una delle basi per eliminare questa paura, sia nella coppia che in un'altra sfera della vita, è la fiducia e la comunicazione, esponendo le nostre paure e accettando di lasciare che l'altra persona esprima liberamente la propria opinione.

L'amicizia dal punto di vista astrologico.

L'amicizia è uno dei legami umani più belli, un amico è il rifugio nei nostri dolori e con il quale condividiamo momenti di gioia.

 Alcune amicizie nascono all'istante, mentre altre impiegano anni per consolidarsi. Si basa sulla reciprocità e sul compromesso.

Trovare un amico autentico nel nostro tempo è un po' difficile poiché viviamo in una società in cui quasi tutti cercano di trarre beneficio da qualcosa, quindi quando lo troviamo, lo teniamo stretto.

È importante ricordare che ogni persona che incrocia il nostro cammino, buona o cattiva che sia, ci porta una lezione importante da imparare.

Quando si parla di amicizia, l'astrologia, come sempre così affascinante, ha molto da dire. Non tutti attribuiamo lo stesso valore all'amicizia nella nostra vita e non ci relazioniamo allo stesso modo con i nostri amici.

L'Ariete è un segno molto generoso e spontaneo. È il tipo di amico che c'è nella buona e nella cattiva sorte. Con loro si vivono avventure e giornate pazzesche. L'Ariete a volte lascia che il suo temperamento offuschi le sue vere qualità, ma alla fine sono persone di cui ti puoi fidare. Per l'Ariete, la Bilancia e l'Acquario sono i tuoi migliori alleati.

Toro, gli amici più testardi, ma i più affidabili. L'amicizia del Toro supera ogni battuta d'arresto e supera le barriere del tempo. Sono amici devoti, leali e coerenti e buoni consiglieri. A volte possessivo e geloso. I migliori alleati del Toro sono il Capricorno e il Cancro.

I Gemelli sono super divertenti e hanno sempre molti amici. È un po' incoerente e loquace, ecco perché non è affidabile. Con loro, si tratta di seguire il flusso e acclimatarsi al loro comportamento versatile. Le amicizie dei Gemelli dovrebbero avere una connessione intellettuale, motivo per cui i loro migliori alleati sono la Bilancia e il Leone.

Cancro, il tuo gruppo di amici è troppo piccolo perché hai paura di aprirti agli altri. È un amico super sentimentale, generoso e protettivo. Sempre pronto ad offrirgli la sua spalla per lenire le sue afflizioni. Se sei loro amico, fai parte della loro famiglia. I migliori alleati del Cancro sono la Vergine e i Pesci.

Il Leone è carismatico, divertente e caloroso. È molto leale e si sacrifica per i suoi amici. A causa della loro aura magnetica, attirano molti amici. Provano estremo piacere nel fare favori, danno senza aspettarsi nulla in cambio. Tuttavia, il loro spirito competitivo e l'egocentrismo sono il loro tallone d'Achille, hanno bisogno di amici umili e pazienti. I tuoi migliori alleati sono il Capricorno e il Sagittario.

Vergine, la perfezione si estende anche a quest'area. Sono esigenti e selettivi. Ignorano i loro problemi personali per dare una mano ai loro amici. Sono affabili e discreti. A volte amano chiudersi nel loro mondo e non permettere a nessuno di entrarvi. I migliori alleati della Vergine sono il Cancro e lo Scorpione.

Bilancia, sono armoniosi, sereni e calmi. Sanno come divertirsi con i loro amici, amano vivere circondati da amici e, grazie alle loro capacità diplomatiche, sanno come risolvere i problemi dei loro amici. Quando crei un'amicizia, è genuina. I migliori alleati della Bilancia sono il Sagittario e l'Acquario.

Scorpione, il tuo atteggiamento è onorevole e retto. Geloso e possessivo dei tuoi amici, avere uno Scorpione tra i tuoi amici è sinonimo di supporto assoluto. Lo Scorpione è uno degli amici più leali che potresti trovare durante la tua vita, ottimi consiglieri. I migliori alleati dello Scorpione sono la Vergine e il Capricorno.

Sagittario, avere un amico di questo segno è come avere una fortuna. La loro amicizia è una delle più sincere, pure e nobili dell'intero zodiaco. Il Sagittario arriva fino ai suoi amici. Hanno la capacità di avere molte amicizie e hanno la capacità di risolvere i problemi, sono protettivi. I migliori alleati sono la Bilancia e i Gemelli.

Capricorno, non è facile trovare amici perché sei molto circospetto e cauto. Tendono a cercare amicizie che durano a lungo perché sanno quanto siano significativi quei legami nella vita. Quando riesce a stabilire una connessione, è leale. Gli piace essere ascoltato e non vedere ignorati i suoi consigli. I tuoi migliori alleati sono il Toro e la Vergine.

L'Acquario è l'amico perfetto, rispetta la vita privata dei suoi amici ed è discreto. Molto generosi con coloro che amano veramente. Ma quello a cui non possono resistere è qualcuno che cerca di impedire la loro libertà, perché sono così indipendenti. Un amico dell'Acquario è un vero tesoro di cui prendersi cura, perché darà sempre il meglio di sé senza chiedere nulla in cambio. I tuoi migliori alleati sono la Bilancia e l'Ariete.

Pesci, la pace che si irradia da questo segno è una calamita per attirare gli amici. Sono dolci e fedeli, motivo per cui generano un'empatia senza pari. Sono sinceri e si esprimono con il cuore in mano, ma esigono che gli altri ricambino. Hanno bisogno di stare da soli e riflettere, quindi probabilmente non trascorreranno tanto tempo con i

loro amici. I tuoi migliori alleati sono il Toro e lo
Scorpione.

I segni dello zodiaco e il loro rapporto con il denaro.

Tutti noi abbiamo un rapporto complesso con il denaro. Indipendentemente dal fatto che proveniamo da una famiglia ricca o povera, nel corso della nostra vita acquisiamo determinati standard sul denaro e sebbene la stragrande maggioranza sia acquisita dal nostro ambiente familiare, da un punto di vista astrologico possiamo osservare come le stelle influenzano quest'area della nostra vita.

La seconda casa è legata ai beni materiali e personali, al rapporto che abbiamo con il denaro e può rivelare se siamo parsimoniosi, quale valore diamo alle cose materiali e a noi stessi.

In generale, possiamo riassumere:

L'Ariete, il primo segno dello zodiaco, è molto fortunato a fare soldi, molti Ariete hanno successo, ma sono anche impulsivi, spericolati e audaci. L'Ariete non è prudente e non calcola i rischi, interviene presto se qualcosa li tenta quando si tratta di soldi e va contro di loro in quanto possono perdere tutto in una mossa mal eseguita.

Il Toro ama la bella vita, è un gran lavoratore e un buon manager; quindi, eviterà il più possibile quelle spese che non rientrano nel suo budget, perché ama la stabilità economica. Si concedono una bella vita, ma entro i confini del loro conto in banca. Al di sopra degli altri segni, sanno quanto costa fare soldi.

Per **i Gemelli**, la fiducia gioca spesso brutti scherzi quando si tratta di soldi. Passano da un estremo all'altro, un giorno passano come se non ci fosse un domani, ma il giorno dopo sono più parsimoniosi di un religioso con un giuramento di povertà. Non sono prevedibili quando si tratta di soldi, non se ne preoccupano nei dettagli. La loro socievolezza li trasforma in calamite per attirare denaro.

I Cancro sono un segno che richiede sicurezza economica, ha la capacità e la capacità di investire, ama accumulare denaro e può sviluppare un amore per esso. Non solo lo usano per la loro sicurezza, ma anche come elemento di potere, oltre che per proteggere coloro che amano. I Cancro sono banchieri e imprenditori straordinari.

Il Leone è sedotto dal lusso. Sono competitive, l'area finanziaria rappresenta un modo essenziale per distinguersi. Consumano più di quello che hanno e comprano senza perdere i prezzi. Combattono qualsiasi cosa per ottenere denaro. A loro piacciono i costosi e i pomposi, a volte possono impegnare un po', ma non ci mettono molto a pagare ciò che devono, perché il loro ego non permette loro di essere marchiati come inadempienti.

La trasparenza è omologa alla **Vergine**, così come la prudenza in tutte le sue operazioni, che, trascritta in denaro, significa che non sprecheranno o investiranno mai in nulla che non sia redditizio. Hanno una speciale capacità di rilevare il denaro, gestirlo e sono maestri nel risparmio grazie alla loro capacità di analizzare.

Gli attacchi di indecisione della **Bilancia** influenzano la sua area economica. La tua tendenza allo squilibrio influisce anche sul tuo libretto degli assegni. Grazie alla loro fluidità, sono in grado di sfuggire a situazioni finanziarie disastrose, inventando i mezzi per trasformare gli errori in vittorie. Fanno buoni affari grazie alla loro essenza diplomatica.

 Gli Scorpioni hanno bisogno dell'attività economica per sentirsi vivi, la gestione del loro conto in banca è impossibile da decifrare. Le tue risorse vengono utilizzate per ciò che è importante e necessario. Sono eccellenti generatori e fornitori di denaro in quanto sono ambiziosi, il che, combinato con la loro intelligenza, è l'equazione perfetta per la loro tranquillità materiale.

Uno dei segni più generosi è il **Sagittario**, condividono il denaro come se crescesse sugli alberi. La loro mente e il loro atteggiamento positivo consentono loro di portare a termine con successo qualsiasi progetto e generare grandi risorse economiche. La fortuna è sempre dalla tua parte, così come il denaro. Punta sempre la freccia verso l'infinito, ecco perché gli piovono addosso le migliori occasioni.

Il metodico **Capricorno** spende ogni centesimo che spende è perfettamente pianificato. Estremamente discreto nelle sue spese. Poiché sono così pessimisti, prevedono inconsciamente gli eventi nella loro area economica ed è molto difficile farsi cogliere distratti dagli aspetti finanziari. Valutano il denaro non per ambizione, ma per lo sforzo che devono fare per acquisirlo.

 Gli Acquari odiano avere debiti e non li spendono in cose inutili. A volte passano dalla fortuna alle avversità in un batter d'occhio, ma poiché sono così intelligenti hanno subito un'idea o un progetto per uscire dalla crisi. La maggior parte dei loro obiettivi sono altruistici, quindi allocano le loro risorse agli altri. Quando vogliono fare soldi, lo fanno in modo eccellente.

Essendo estremamente distratto, **i Pesci** possono facilmente andare in bancarotta. Hanno bisogno di qualcuno che li guidi quando si tratta di investire. Il tuo intuito è un grande alleato nell'individuare opportunità che possono generare denaro per te. Non sono addestrati a vivere sotto pressione, quindi il loro ambiente deve essere calmo per avere successo.

La spiritualità e i segni dello zodiaco.

La spiritualità è legata alla capacità di vedere oltre il mondo materiale, ed evidentemente alcune persone hanno questa virtù più sviluppata di altre. Lo spirituale, l'intangibile, ciò che va al di là del terreno, non interessa tutti allo stesso modo.

Evolvere attraverso la conoscenza di sé è il nostro scopo in questo mondo e uno strumento essenziale per raggiungerlo è la spiritualità.

Tutti noi abbiamo sentimenti e interessi che vanno ben oltre il fisico e il banale, manifestandosi nell'attenzione di ogni segno zodiacale sulla spiritualità, con alcuni che sono più spirituali e apparentemente altri no.

La posizione numero uno va ai Pesci. È uno dei segni più spirituali, in quanto hanno un'incredibile connessione con il mondo mistico.

Hanno una capacità intrinseca di connettersi con le emozioni degli altri, che a volte genera grande malinconia perché vogliono risolvere i problemi di ogni persona che coincidono con il loro percorso. Sono intuitivi, sognatori e godono di tutte le pratiche spirituali.

Il cancro è al secondo posto. Sono molto ferventi quando si tratta di religione o pratiche spirituali. Sempre indagando al di là della ragione, desideroso di comprendere la propria essenza e quella di chi lo circonda. Alla ricerca dell'armonia tra corpo, mente e anima, il granchio è un essere totalmente spirituale, è danneggiato da ciò che accade intorno a lui e questo rivela in larga misura il suo cambiamento di umore e la sua suscettibilità.

I nativi dello Scorpione sono al terzo posto della lista, stregati dal misticismo e dalla saggezza orientale, rivelano un sesto senso che permette loro di prevedere gli eventi e decodificare le circostanze dove gli altri rimangono all'oscuro.

Il suo aspetto arrogante e il suo atteggiamento bellicoso non sempre ci permettono di intravederlo, ma dietro a tutto questo lo Scorpione nasconde un essere intensamente spirituale, che percepisce le persone ben oltre il suo involucro fisico e i suoi possedimenti.

L'Acquario, segno d'aria, numero quattro su questa scala, apprezza ogni persona che incontra al di là del proprio beneficio. La sua natura rivoluzionaria si estende anche alle questioni spirituali. Sono sempre alla ricerca di deduzioni e motivazioni che vadano oltre il materiale e il metodico. Sono molto perspicaci, ma anche intuitivi e reattivi. La loro filosofia di vita è unica e vivono secondo essa, esplorano sempre come incorporare nuove esperienze spirituali, per loro risiede la vera ricchezza.

Il quinto posto è condiviso da Bilancia e Sagittario. I liberatori amano il mondo esoterico e adorano la libertà; Mancano di tabù e confini, il che permette loro di avere una maggiore connessione con tutto ciò che non è tangibile, per ottenere la pace della mente che desiderano, si immergono nei percorsi luminosi della spiritualità. I Bilancia evoluti si rendono conto inconsciamente che devono unire la dualità umana con l'unità divina.

I Sagittari hanno una grande visione del futuro, sono considerati il più profetico dei segni perché sentono il bisogno di capire il senso della vita. Amano esplorare oltre i confini fisici e psichici.

Questa è una generalità perché un tema natale è complesso, ci sono pianeti e aspetti che con i loro diversi allineamenti possono dare conclusioni diverse. Nettuno, ad esempio, rappresenta l'amore universale, i sogni, l'inconscio, lo psichico, la sensibilità ai problemi degli altri e i misteri.

La casa in cui si trova Nettuno indicherà il modo in cui le cose saranno fatte per le persone che ci circondano. È un pianeta intuitivo. D'altra parte, Plutone, il pianeta della rinascita, in una carta mostrerà il modo in cui la persona svolgerà la sua crescita spirituale.

Le feste e i segni zodiacali

Le vacanze forniscono benefici fisici e mentali. È stato dimostrato che le vacanze riducono i livelli di stress e apportano benefici al sistema immunitario. A volte pianificare una vacanza provoca stress perché le opzioni sono infinite e decidere diventa un compito chimerico.

L'uso dell'astrologia e la comprensione della tua personalità ti danno un'idea del luogo di vacanza ideale per te.

Aries, un resort all-inclusive con attività sportive all'aperto in un luogo accogliente come Punta Cana, Cancun e le Isole Turks e Caicos sarebbe l'ideale. L'Australia è un paese emozionante che ti regala una ricchezza di emozioni da far battere forte il tuo cuore.

Toro, un soggiorno in un resort di lusso sulle Isole Cayman, o una vacanza di lusso a Dubai, in un hotel che dispone di tutti i comfort sarà molto allettante. L'Italia è un paese perfetto perché lì troverai tutto ciò che hai sempre sognato: amore, fascino, lusso, cibo meraviglioso e vini di prima classe.

I Gemelli amano sentirsi intellettualmente impegnati. I viaggi con escursioni guidate, come un safari in Africa o la ricerca delle specie delle isole Galapagos, offrono al comunicatore zodiacale un'esperienza di lusso.

Cancro, viaggi brevi, circondati da familiari e amici. Disney World, godersi le attrazioni e i suoi vari pasti è un'opzione. A Orlando, in Florida, ci sono diversi fantastici hotel e resort, ognuno con un tema unico e affascinante.

Leone, soggiornare in un bungalow sul mare a Tahiti è fantastico per questo segno. Un'altra alternativa di lusso, che il leone ama, sarebbe quella di affittare un'isola tropicale privata alle Maldive, alle Fiji o alle Isole Vergini.

Vergine, l 'Italia è l'opzione migliore. In questo paese vi terranno ben occupati. Essendo un segno di terra che ti connette con il mondo che ti circonda, luoghi come La Romana nella Repubblica Dominicana, Puerto Viejo in Costa Rica e Belo Horizonte in Brasile ti inietteranno vita.

Libra si impegna per le città che hanno musei. Una vacanza tropicale non sarà così soddisfacente per la Bilancia come visitare il Louvre di Parigi, il Museo dell'Acropoli di Atene, in Grecia, il Museo del Prado di Madrid, in Spagna, o la Galleria degli Uffizi di Firenze, in Italia.

Scorpione, trascorri qualche giorno su una spiaggia appartata con liquori e massaggi. In Grecia, a Bali, a St. Martin o alle Hawaii troverete tutti questi lussi. Visitare i siti storici vicino al tuo hotel di lusso sarebbe una straordinaria combinazione di vacanza tropicale e culturale. Mykonos e Roda in Grecia sono destinazioni perfette.

Sagittario, esplora il Cammino di Santiago, una rete di sentieri molto diversi, che portano tutti alla città di Santiago de Compostela. Ogni percorso ha la sua storia, il suo patrimonio e la sua magia. Il Sagittario è un viaggiatore che desidera nuove esperienze, quindi in Irlanda troverai tutto ciò che stai cercando.

Capricorno, un segno orientato all'obiettivo. Vacanze in cui possono stringere nuove relazioni di lavoro. La Cina sarebbe spettacolare. Il Capricorno ha un senso del valore storico che altri segni non hanno, quindi paesi come Israele ed Egitto, dove si trova la storia, ti faranno sentire come a casa.

L'Acquario ama le nuove idee, i luoghi sconosciuti e le nuove relazioni. Un paese fantastico da visitare è il Giappone, non solo per la sua affascinante storia e cultura, ma perché ognuna delle sue regioni ha qualcosa di diverso da offrire.

Pesci, un segno d'acqua che si accontenta delle vacanze tropicali. Un hotel sulla spiaggia sarebbe l'ideale. L'isola "La Dique" nella Repubblica delle Seychelles, forse la spiaggia più bella del mondo, sarà un sicuro successo. I Pesci, che possiedono una visione calma della vita, essendo governati da Nettuno lo rendono un pensatore creativo. La Svezia è un paese da visitare, perché lì troverete una cultura innovativa.

Informazioni sugli autori

Oltre alle sue conoscenze astrologiche, Alina Rubi ha un ricco background professionale; Ha certificazioni in Psicologia, Ipnosi, Reiki, Cristallo Guarigione Bioenergetico, Guarigione Angelica, Tarocchi, Interpretazione dei Sogni ed è Istruttrice Spirituale. Rubino possiede conoscenze di gemmologia, che usa per programmare pietre o minerali in potenti amuleti protettivi o talismani.

Rubi ha un carattere pratico e orientato ai risultati, che gli ha permesso di avere una visione speciale e integrativa di vari mondi, facilitando la soluzione di problemi specifici. Alina scrive gli oroscopi mensili per il sito web dell'American Association of Astrologers, puoi leggerli sul sito web www.astrologers.com.

Attualmente tiene una rubrica settimanale sul quotidiano El Nuevo Herald su argomenti spirituali, pubblicata ogni domenica in formato digitale e il lunedì in formato cartaceo.

Ha anche un programma e l'Oroscopo settimanale sul canale YouTube di questo giornale. Il suo Annuario

Astrologico viene pubblicato ogni anno sul giornale "Diario las Américas", sotto la rubrica Rubi Astrologa.

Rubi ha scritto diversi articoli sull'astrologia per la pubblicazione mensile "L'astrologo di oggi", ha tenuto corsi di Astrologia, Tarocchi, Lettura del Palmo, Guarigione con i cristalli ed Esoterismo. Ha video settimanali su argomenti esoterici sul suo canale YouTube: Rubi Astrologa. Ha avuto il suo programma di astrologia trasmesso quotidianamente attraverso Flamingo TV, è stata intervistata da vari programmi televisivi e radiofonici, e ogni anno viene pubblicato il suo "Annuario Astrologico" con l'oroscopo segno per segno, e altri interessanti argomenti mistici.

È autrice dei libri "Riso e fagioli per l'anima" Parte I, II e III, una raccolta di articoli esoterici, pubblicati in inglese, spagnolo, francese, italiano e portoghese. "Soldi per tutte le tasche", "Amore per tutti i cuori", "Salute per tutti i corpi", Annuario astrologico 2021, Oroscopo 2022, Rituali e incantesimi per il successo nel 2022, Incantesimi e segreti, Corsi di astrologia, Corsi di tarocchi, Corsi di esoterismo, Amore e compatibilità dei segni zodiacali, Rituali e amuleti 2023 e Oroscopo cinese 2023, tutti disponibili in cinque lingue: Inglese, Italiano, Francese, Giapponese e Tedesco.

Rubi parla perfettamente inglese e spagnolo, combinando tutti i suoi talenti e le sue conoscenze nelle sue letture. Attualmente risiede a Miami, in Florida.

Per ulteriori informazioni, visitare:
www.esoterismomagia.com

Bibliografia

Sono stati utilizzati articoli pubblicati da uno degli autori su El Nuevo Herald.